つぶつぶ雑穀スープ

野菜＋雑穀で作る簡単おいしいナチュラルレシピ

大谷ゆみこ

学陽書房

Tsubu Tsubu Soup

はじめに

野菜と雑穀と塩と水を鍋に入れてコトコト30分。
気長に煮るだけで、
芳醇なうまみのつぶつぶスープがつぎつぎに誕生します。
1カップのスープの中には、
なんと、1000粒以上の雑穀がぎっしり！
鍋の中で生まれる、「今」、「ここ」、のおいしさは、
新鮮な感動に満ちています。
と、同時に、
体の奥でなつかしさに満ちた遠い記憶がよみがえる
不思議感覚も味わえます。
毎日の雑穀スープをおいしい習慣にするだけで、
しなやかでバネの効いた
若々しい体を取り戻すことができるなんて、
ステキでしょ。

大谷ゆみこ

3	はじめに
6	魅惑の「つぶつぶ」たちを紹介します！
8	1杯の雑穀スープには元気がいっぱい！
9	雑穀スープで若返る！
10	雑穀スープでシェイプアップ！
11	雑穀スープで免疫力を高める！
12	雑穀スープ 基本の基本
13	おいしい雑穀スープ 5つのポイント
14	雑穀スープをおいしくしてくれる 野菜たちと植物性のうま味食材
17	海の塩の効いた雑穀スープは、舌にも体にもおいしい！
18	さあ、作ってみましょう！

CONTENTS

Recipes 1　スプーン2杯の雑穀と一緒に煮込むだけ

- 20　キャベツとヒエのつぶつぶスープ
- 22　トマトともちキビのスープ
- 23　もちキビとニラのスープ
- 24　もちアワコーンスープ
- 25　つぶつぶミネストローネ
- 26　ひじきとキャベツと押し麦のスープ
- 27　黒米とカボチャとサツマイモのデザートスープ
- 28　白菜とシイタケのつぶつぶスープ

Recipes 2　油で炒めるとコクとうま味がアップ

- 30　ヒエとズッキーニのカレースープ
- 32　もちアワのバジルスープ
- 33　夏野菜のラタトゥイユ風スープ
- 34　ハトムギとサヤインゲンのくたくた煮スープ
- 35　ジャガイモとキビのイタリアンスープ
- 36　キヌアと白ネギと白キクラゲのスープ
- 37　大根の中華つぶつぶスープ
- 38　カーシャボルシチ
- 39　**COLUMN**　どんな油がいいの？
- 40　**おすすめトッピング①　ナッツと種子**

Recipes 3 しょう油をプラスして香味とうま味をアップ

- 42 キヌアとキャベツとピーマンの白たまりスープ
- 43 ニンジンつぶつぶスープ
- 44 もちキビと春雨のスープ
- 45 里芋とネギのつぶつぶスープ
- 46 **おすすめトッピング②　香味野菜と海藻**

Recipes 4 味噌をプラスして風味とうま味をアップ

- 48 ブロッコリーのつぶつぶスープ
- 49 キュウリと粒ソバのスープ
- 50 ゴボウの味噌つぶつぶスープ
- 51 高キビと金時豆のチリスープ
- 52 **COLUMN　お助け食材「乾物」**

Recipes 5 雑穀を大さじ3に増やすとシチューになる

- 54 もちキビとマカロニのシチュー
- 55 ヒエとキノコのシチュー
- 56 黒もちアワとナメコのとろとろシチュー
- 57 キヌアと小豆のシチュー
- 58 **COLUMN　残ったシチューの活用術**

Recipes 6 つぶつぶコンビネーション

- 60 高キビとヒエとサイコロ大根のスープ
- 61 キューブベジのつぶつぶスープ
- 62 ナッツ＆カボチャ入り五穀スープ
- 63 アワ麦ポトフ
- 64 **COLUMN　スープのおとも**
- 66 **スープに合う5分間クッキング**

Recipes 7 巷の人気メニューをつぶつぶに

- 68 フカヒレ風ヒエと糸寒天のスープ
- 69 トムヤムつぶつぶスープ
- 70 つぶつぶハリラスープ
- 71 つぶつぶフェイジョアーダ
- 72 **旬野菜と仲よくしよう！**

Recipes 8 つぶつぶポタージュスープ

- 74 アスパラガスのヒエポタージュ
- 76 もちアワとカボチャの味噌風味ポタージュ
- 76 ジャガイモのヒエポタージュ
- 76 ズッキーニのヒエポタージュ

- 78 **雑穀の栄養**
- 80 **雑穀の魅力**
- 82 **つぶつぶ Information**
- 87 **おわりに**

本書で使用している計量の単位

1カップ…200cc　大さじ1…15cc
1合………180cc　小さじ1…5cc

色も大きさも味わいも個性的!
魅惑の「つぶつぶ」たちを紹介します!

「つぶつぶ」は20数年前、色とりどりに個性的な小さな雑穀たちにつけたニックネームです。ひょんなきっかけで雑穀を食べたその瞬間から、私は雑穀たちのエネルギーに満ちた深いおいしさにすっかり魅せられてしまいました。

●ヒエ
粒の色はオフホワイト。穀物の中で体をあたためる力が一番強く、味わいはクセがなくミルキーでやさしい。脂肪分が多くコクがある。

●ハトムギ
大粒で弾力のある炊きあがり。利尿効果があるのでむくみを取る働きがある。脂肪の代謝をスムーズにし、肌を白く美しくする効果も期待できる。

●キヌア
南米アンデスの雑穀。透明感のある粒は歯ごたえがありながら、ふわっとおいしい。粒は扁平で胚芽がまわりに糸状についている。

●もちアワ
粒の色はクリーム色。鉄分が多く造血効果がある。クセがなく、ほんのり甘いチーズ感覚のとろりとしたもっちり感が魅力。

●押し麦
蒸してつぶして乾燥した大麦。パスタ感覚の弾力のある歯ごたえがおいしい。米に不足している必須アミノ酸が豊富。

●黒もちアワ
もちアワの一品種で、一見緑色の粒。ブルルンとした透明感のある強いとろみが出て、ゴージャスな満足が得られる。

●もちキビ
炊きあがりは美しい鮮やかな黄色。卵感覚のふんわり感のあるとろみとコクがおいしい。コレステロールを下げる効果が期待できる。

●粒ソバ
三角の緑がかった粒。心臓病を予防する働きがあり、ポリフェノールも豊富。ツルンとした粒マカロニ風の食感がうれしい。

●五穀
ヒエ、もちアワ、もちキビ、黒米、赤米、5種類の雑穀のブレンド。見た目も味もソフトなハーモニーが絶妙。雑穀の栄養とおいしさの総合力が楽しめる。

●高キビ
粒は米粒サイズのまん丸で赤茶色。挽肉感覚の弾力感のあるキュッキュッとした歯ごたえがおいしい。解毒作用がある。

●黒米
お米の祖先といわれている餅玄米。色は紫のポリフェノールの色。特有の風味の紫色の繊維に富んだ料理ができあがる。

1杯の雑穀スープには元気がいっぱい！

絶妙な栄養と芳醇なおいしさ！

　雑穀1粒の中には、地球上に存在するおいしさのエッセンスが、すべて凝縮されて含まれています。だから、組み合わせしだいでいろいろなおいしさが自由自在に楽しめるんです。

　そのうえ、1粒の中に、人間の体に必要な栄養成分のほとんどが、絶妙のバランスで含まれています。

　だから、毎日1杯の雑穀スープで、体はぐんぐん元気を取り戻します。

　毎日、雑穀と遊んでいてふと気がついたのですが、雑穀にはどうも、この地球上に存在するおいしさの成分が全部詰まっているようなのです。

　野菜や乾物との組み合わせしだいで、思いがけないおいしさが楽しめる一方で、「あれ！これってなんだかチーズの風味が！」「なんでエビの味がするの？！」という体験が日常的に起こります。

　おいしさって、栄養素のハーモニーなんだなって最近ひらめきました。

　雑穀の満点ともいえる栄養バランスからは、どんなおいしさも作り出せるんです。

　雑穀と旬の野菜や伝統食材のうま味がハモった雑穀スープの芳醇なおいしさは感動的です。

穀物はデンプンのかたまりで栄養がたりない食べものというイメージをもっていませんか？

じつは、穀物にはタンパク質も脂肪も充分に含まれているだけでなく、体に欠かせない各種栄養成分が豊富にバランスよく含まれているんです。

ポリフェノールや食物繊維、その数2000を超えるといわれる新発見の植物栄養素の宝庫です。さらに、旬の野菜の栄養が加わった雑穀スープの威力には素晴らしいものがあります。

毎日の雑穀スープでこんな変化が！

❶ 肌がキレイになる

❷ 便秘が改善される

❸ 腸が元気になる

❹ 冷え性が改善される

❺ 内臓脂肪が減る

❻ 余分な脂肪が減る（痩せている人はふっくらする）

❼ 自律神経の働きが調う

❽ 元気が体の中から湧いてくる

❾ ポジティブな気分になる

❿ 地球との一体感を感じる

雑穀スープで若返る！

雑穀には、若さと美しさをつくる秘密が3つあります。

① 雑穀にはポリフェノールがいっぱい

その秘密の1つは、雑穀の色です。もちキビの黄色、高キビの赤、ソバや黒米の紫、ヒエのクリーム色などなど、雑穀の色はみな、雑穀の種を酸化から守る役割をもつポリフェノール類の色です。

植物の色には、太陽光線による酸化から細胞を守る力があることが話題になっていますが、雑穀などのつぶつぶの種には、次世代の生命を生む種を酸化から守るために、より強力な抗酸化成分が含まれています。大切な命を絶やさないための自然の恵みです。

その恵みのおかげで、雑穀を毎日食べると、体の活性酸素を除去する力が高まり、細胞の酸化が抑えられ、若々しい細胞の再生が促進されます。

雑穀には老化をストップさせ、健康な細胞をつくる力があるのです。

② 栄養素のチームワークがきれいな細胞をつくる

2つめの秘密は、雑穀の栄養バランスとそのチームワークによる力にあります。

体の中では、さまざまな栄養素がお互いの個性にあった働き方で協力しあって、はじめて健全な生命活動が進みます。

雑穀の栄養は、とてもよくチームワークがとれています。完全燃焼バランスで栄養素が含まれているので、栄養は完全に消化されて体の中にゴミや煤を残しません。

だから、毎日1杯のおいしい雑穀スープを楽しんでいると、体の中から毒素がどんどん消えていき、健全な細胞がつくられ、若々しさがよみがえります。

雑穀は、栄養素のチームメンバーの欠けた現代の食生活のアンバランスを、解消する力を秘めています。

③ 若返りホルモン

3つめの秘密が、雑穀の歯ごたえです。食物繊維が多い雑穀は、歯ごたえがあるのでよく噛んで食べることをうながし、噛むことが脳を刺激して、若返りのホルモンの生成をうながします。

食べるスープ、雑穀スープを毎日の習慣にすると、体の生理の向きが若返りの方向にシフトし、脳細胞も活性化され、記憶力もさえてきます。

雑穀(つぶつぶ)スープでシェイプアップ！

豊富な繊維が脂肪を追い出す

　雑穀の特性は、なんといっても食物繊維の豊富さです。植物の根が土の中から、自分が成長するために必要な栄養分だけを選択して吸収するように、私たち人間の体は本来、食べものの中から必要な栄養だけを吸収するようにできています。そして、その働きをコントロールしているのが食物繊維なのです。

　雑穀の繊維はとても微細で、密度も濃く、質も高いので、雑穀(つぶつぶ)スープを毎日の習慣にすると、体に必要ないものを出す力や必要なものを吸収する力がバランスよく働いて、食事の量を減らさなくても内臓の肥満も体の肥満もすっきり解消することができます。

　その秘密は、食物繊維の7つの特性にあります。

1. 食物繊維はカサがあり、よく噛まないと食べられないので、少量で満腹する。
2. 糖分、塩分、脂肪分をはじめ栄養分の余分な吸収を防ぎ、排泄も促す。
3. 食べものの適速消化を助け、脂肪細胞の形成を抑える。
4. 微生物や酵素の宝庫。
5. 腸内の水分調節役で、便通を助け、腸壁を掃除しながら速やかに排出する。
6. 重金属や放射性物質、発ガン成分などの有毒成分を取り込んで排出しやすくする。
7. 善玉腸内細菌を育てる。

自然のしくみって、すばらしいですね！

・肥満のメカニズム・

　白砂糖や肉、乳製品などに象徴される繊維質のない食べものばかりを食べていると、栄養の吸収をコントロールできないので、脂肪蓄積型のサイクルが形成されてしまいます。

　肥満のメカニズムをたどってみましょう。

　繊維のない食べものを食べると、急激に血液の糖度が上がる危険を察知して、すい臓から糖を血液から肝臓や脂肪細胞に送って血糖値を下げる働きをもつインシュリンが多量に放出されます。

　インシュリンは、余分な糖分をどんどん肝臓に送りますが、肝臓の容量には限界があるので、そのほとんどは皮下や内臓のまわりの脂肪細胞に送りこまれ、たまっていきます。

　さらに、これが繰り返されると、インシュリンが、糖分を脂肪細胞に閉じこめて出られないように働くようになり、絶食しても体重が減らない頑固な肥満体質になってしまうのです。

雑穀スープで免疫力を高める!

免疫力の高い体は、病気を寄せつけにくい

細菌やウィルス、ガン細胞など、体の中の異物から身を守る力が免疫力です。

免疫力が高い体は、病原菌に感染しても病原菌と戦ってやっつけてしまいます。また、ガン細胞ができても白血球の力で排除してしまうので、ガンが進行しにくくなります。

免疫力は、生まれながらに誰の体にも備わっている自然治癒力ですが、現代では、ほとんどの人の免疫力は、環境の汚染、不自然な生活習慣、食生活の乱れなどによって大きく低下しています。

自己免疫疾患という自分自身の健全な細胞を、自ら細菌やガン細胞と誤認して攻撃してしまう病気で苦しんでいる人も大勢います。

免疫力を高める基本は食事

食品添加物、化学調味料、合成着色料、合成保存料など、不自然な食品は免疫力を破壊します。

免疫力を発揮するためには、3大栄養素と各種酵素、ビタミン、ミネラル、食物繊維、抗酸化栄養素の全部が必要だといわれています。どれが欠けても、免疫力は大きく低下してしまうそうです。

これらの栄養素をバランスよく含む雑穀には、免疫力を高める働きが期待できます。そのうえ、雑穀には、免疫活性成分が豊富に含まれています。

アブラナ科の野菜やキノコ、ニンニクやタマネギなどの匂い成分にも、免疫活性成分が豊富です。

あたたかい雑穀スープが免疫力を高める

体は冷えにとても弱いのを知っていますか? 体が冷えると代謝活動が落ち、大切な栄養素や老廃物を運ぶ血行も悪くなって、婦人科系の病気だけでなく、心筋梗塞や脳卒中、ガン、アレルギー、うつ病など、さまざまな病気を引き起こします。免疫をつかさどる細胞や酵素が働けないので、細菌に対する抵抗力が低下し、腸内では悪玉菌や有害菌が増殖してしまいます。

反対に、体温が1℃上がると、免疫力は約6倍活性するといわれてます。風邪をひいたときに熱が出るのも、体温を上げて免疫力を高めようとする防衛反応です。

穀物と野菜で作る毎日の雑穀スープは、物理的に、そして生理的にも体を内側からあたためて、免疫力の高い、抵抗力のある、しなやかでタフな体をつくりやすくします。

おいしい雑穀スープ 5つのポイント

Point 1　塩加減

命が生まれたふるさと、古代海水の塩分濃度1％がスープの塩加減の基準です。塩が少なすぎると体は満足しないので、「まずい」とか「何か物足りないな」と感じます。そのときは思い切って塩をたすと、ある瞬間からグッとうま味がでて、満足度120％のスープになります。もちろん、海からとれた自然塩（P17）を使うのが基本です。自然の塩をおいしく食べていれば、塩分適量の体となり、とりすぎにはなりません。レシピに書いてある塩の量は、ぜひ守ってくださいね。

Point 2　野菜の皮はむかない

野菜を皮ごと煮ると、自己分解酵素が働いて早く煮えるって知っていましたか？　つぶつぶクッキングで皮をむくのは、タマネギの茶色い薄皮くらいです。
皮ごと野菜なら、栄養のチームワークが働いて必要な栄養分がムダなく吸収され、完全燃焼します。キッチンにも、体の中にもゴミを残さないエコクッキングです。

Point 3　鰹だし、コンソメスープの素などは使わない

穀物、旬野菜、水、海の塩、火の組み合わせから、鍋の中で生まれる、今、ここ、のおいしさは最高です。よけいなだしは素材の味を打ち消してしまいます。

Point 4　肉、卵、魚、乳製品は使わない

穀物のうま味は、深くやさしい味わいです。強烈な味と臭みのある動物性の食材を使うと、そのうま味を殺すことになってしまいます。

Point 5　砂糖は使わない

穀物と野菜に含まれる繊維に包まれたデンプンは、天然の甘さをもっています。唾液に含まれるジアスターゼという天然の消化酵素の働きで、口の中のデンプンはどんどん甘いブドウ糖に変わっていきます。砂糖などの強烈な甘さを使ってしまうと、この変化していくおいしさを楽しむことができません。

野菜

キャベツ

タマネギ

大根

ニンジン

白菜

雑穀(つぶつぶ)スープを おいしくしてくれる 野菜たちと 植物性のうま味食材

雑穀(つぶつぶ)スープは、基本の作り方をおさえれば、あとはノールール。植物性のうま味食材をじょうずに組み合わせて、本書で紹介するレシピのほか、オリジナルのスープ作りにも挑戦してみましょう！

ピーマン

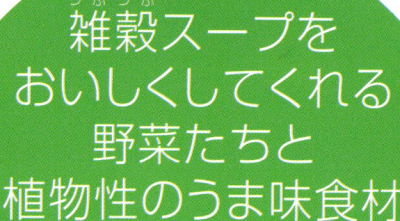

ブロッコリー

トマト

キュウリ

ジャガイモ

カボチャ

Vegetable

サツマイモ	カブ	ゴボウ
レンコン	アスパラガス	エリンギ
薬味ネギ	シソ	ニラ
パセリ	イタリアンパセリ	ニンニク
生姜	ユズ	レモン

海の塩の効いた雑穀スープは、舌にも体にもおいしい!

健康な体とおいしい料理には、「海の塩」が欠かせません。
海水から作られた伝統製法の塩は、海の生命力の結晶です。
海水から作られる自然海塩には、体の働きの調節に欠かせない
60種類以上の微量ミネラルが含まれています。
そのミネラルが、穀物や野菜のうま味を引き出すだけでなく、
体の元気も引き出します。
雑穀スープには、ぜひぜひ、海の塩を使ってくださいね。
海の塩で作られる伝統製法の発酵食品、味噌、しょう油は、
うま味と元気を引き出すだけでなく、風味と香味を演出してくれるので、
海の塩同様こだわって選びましょう。

自然海塩「海の精」

伊豆大島の海水から作られている、ミネラルに富んだ塩が「海の精」です。

日本食用塩研究会は、強固な専売法に屈せずに、化学製塩法への切り替えが強行された1972年から高純度塩への反対運動を展開し、研究用としての許可を取りつけ、伊豆大島で昔ながらの塩を作り続けています。

日本食用塩研究会では、微量ミネラルをほとんど含まない食塩と区別するために、自分たちの作る塩に「海の精」という名前をつけ、「海の精」の普及活動と、塩の重要性を伝える活動に専念、国産海塩の生産の広がりの要の役割を果たしてきました。

今では、「海の精」で塩作りを学んだ多くの人が、日本各地で本物の塩作りに取り組んでいます。

みなさんも、本物の塩作りを応援してくださいね。

岩塩ではなく海の塩

土壌ミネラルの少ない島国に住む日本人の体には、伝統の製塩法で海水から作られた海のミネラル群の結晶ともいえる塩が必要です。岩塩の採れる大陸の土壌には、溶け出たミネラルがたっぷり含まれているので、大陸の人は純度の高い岩塩でもいいのですが、日本人の体を守るのはミネラルたっぷりの海の塩のほうです。輸入の岩塩や天日塩ではなく、国産の海の塩をおすすめします。

さあ、作ってみましょう！

基本の作り方

1. 野菜は好みに合わせて切る。
2. 鍋に水と野菜と雑穀を入れて強火にかけ、沸騰したら塩を加え、フタをしてときどき大きく混ぜながら、中火で30～40分煮込む。
3. 塩味が濃い場合、水分が少ないなと感じたときは水をたし、味が薄いときは塩をたして味を調える。
4. 好みのトッピングを添える。

* すぐ煮える野菜、煮え過ぎないほうがよい食材は、後から加える。
* 一度冷めても、あたためるとさらにおいしくなる。
* 置いておくと水分を吸うので、入れ過ぎに気をつけながら水を加えてあたためる。

雑穀の量り方のポイント

- 基本はすりきりで量る。
- 高キビ、押し麦、ハトムギ、ソバなどの大粒の雑穀は、ふんわり山にして量る。

火加減のポイント

- 強火にかけ、沸騰したらフタをして、中火で煮込む。
- 途中、ときどき大きく混ぜる。
- 後半とろみがでてきてからは、やや火を落として煮込む。
- 中火というのは、煮汁の表面が軽く泡立つやや勢いのある感じを目安にします。
  野菜は弱火ではおいしく煮えません。
  強すぎる火では、水がなくなってしまいますし、やわらかく煮えません。

Recipes 1

スプーン2杯の雑穀と一緒に煮込むだけ

身近な野菜がリッチテイストのスープに変身！

全部入れて煮るだけ！
20分たつと急に雑穀の存在感が増してとろみが出てきます。
もう10分、
雑穀と一緒によく煮えた野菜の
とろけるおいしさは格別です。
具の量、取り合わせ、切り方の工夫で
無限においしさのハーモニーが生み出せます。
同じ具材でも、雑穀を変えるだけで
違った風味や食感を楽しむことができます。
レシピ以外の雑穀で、合う雑穀を示しておきましたが、
気にせず手持ちの雑穀でどんどん冒険してみましょう。
思わぬ発見があるかもしれませんよ。

TsubuTsubu Soup

キャベツとヒエのつぶつぶスープ

ふんわりミルキーな味わいのヒエスープ

そのほかオススメの雑穀

もちアワ　もちキビ

材料
ヒエ………大さじ2 (25g)　　水………3 + 1/2カップ
タマネギ……50g　　昆布……5cm角
キャベツ……100g　　自然塩…小さじ1 + 1/5

Point
タマネギはヨコ半分に切ってから、5mmの厚さにまわしながら切る。

作り方
① ヒエは茶こしに入れて、水をかけて洗う。
② タマネギは、ヨコ半分、5mmの厚さのまわし切りにする。
③ キャベツは一口大にちぎる。
④ 鍋に②③の野菜と洗ったヒエと水と昆布を入れて、強火にかける。
⑤ 沸騰したら塩を入れ、フタをしてときどき大きく混ぜながら、中火で30分煮込む。

PROCESS

① 大さじ2杯のヒエをすりきりで量る。

② 茶こしに入れ、蛇口の下でさっと洗う。

③ 鍋に材料を入れる。

④ 煮立ったら塩を入れて中火にし、フタをして煮る。

⑤ 20分位するとヒエの存在感がぐっと出てくる。

⑥ ときどき大きく混ぜながら、もう10分煮て、できあがり!

トマトともちキビのスープ

とろとろ卵スープ感覚のつぶつぶスープ

材料
もちキビ………大さじ2
トマト…………200g
タマネギ………50g
水……………3カップ
自然塩………小さじ1+1/3
イタリアンパセリ（トッピング用）…少々

作り方
1. タマネギは、ヨコ半分、1cmのまわし切り（P20）にする。トマトは皮ごと一口大に切る。
2. 鍋に水とタマネギ、洗ったもちキビを入れ強火にかける。
3. 沸騰したら塩を入れ、もう一度沸騰したらフタをして、中火で20分煮る。
4. トマトを入れ、ときどき大きく混ぜながら、さらに10分ほど煮る。
5. 器に盛り、イタリアンパセリをトッピングする。

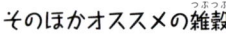 そのほかオススメの雑穀 もちアワ

Point
ときどき軽く混ぜ、もちキビが固まらないようにして20分煮込んだら、トマトを加えてさらに10分煮込む。

もちキビとニラのスープ
たっぷりのニラがおいしいつぶつぶスープ

材料
もちキビ…大さじ2
ネギ………30g
ニラ………20g
水…………3+1/2カップ
昆布……5cm角
純米酒…大さじ2
自然塩…小さじ1+1/5

作り方
① ネギは2cmの長さに切ってからタテに千切りし、ニラは2cmの長さに切る。
② 鍋に水と昆布、洗ったもちキビを入れ、強火にかける。
③ 沸騰したら塩を入れ、フタをしてときどき大きく混ぜながら、中火で25分煮る。
④ ネギと酒を入れて中火で5分煮る。ニラを入れて中火で3分煮て仕上げる。
＊❹以降は、ときどき大きく混ぜながら煮る。

そのほかオススメの雑穀(つぶつぶ)

もちアワ　ヒエ

Point
ネギとニラの切り方と入れ時がポイント。できあがったときの煮え具合をイメージして決める。ニラは煮すぎないで元気さの残った感じに仕上げるとおいしい。

もちアワコーンスープ
トウモロコシが実る夏が待ち遠しい

材料
もちアワ……………大さじ2
トウモロコシの粒…100g(生、または粒タイプのコーン缶詰)
タマネギ……………100g
水…………4カップ
自然塩……小さじ1+1/5
青ジソ……2枚

作り方
① タマネギはみじん切りにする。
② 鍋に水とタマネギと洗ったもちアワを入れ、強火にかける。
③ 沸騰したらトウモロコシと塩を入れてざっと混ぜ、もう一度沸騰したらフタをしてときどき大きく混ぜながら、中火で20〜30分煮込む。
④ 器に盛り、千切りにした青ジソをのせる。

Point
青ジソは、熱ですぐに黒くなってしまうので、食べる直前にトッピングする。

つぶつぶミネストローネ

透明感のあるキヌア入りのミネストローネ

そのほかオススメの雑穀

もちアワ

もちキビ

押し麦

材料
キヌア……………………大さじ2	トマト……100g
タマネギ…………………50g	水…………3カップ
ジャガイモ（または大根）……100g	昆布………3cm角
ニンジン…………………10g	自然塩……小さじ1

作り方
① 野菜は1cm角に切る。
② 鍋に水と昆布と洗ったキヌア、トマト以外の野菜を入れ強火にかける。
③ 沸騰したら塩を入れ、フタをしてときどき大きく混ぜながら、中火で10分煮る。
④ トマトを加えて、沸騰したら中弱火にして15〜20分煮込む。

Point
密度の濃い重い野菜はやや小さめ、軽い野菜はやや大きめのさいの目に切りそろえるのが、食感をそろえるポイント。クルッと巻いた糸のようなものがキヌアの胚芽です。

ひじきとキャベツと押し麦のスープ
さらっとおいしい海の香りのつぶつぶスープ

Point
ひじきは熱湯でゆでると5分で簡単に戻る。歯ごたえもうま味も残って新しい食感が楽しめます。スープが真っ黒にならないのがうれしい。

そのほかオススメの雑穀（つぶつぶ）

もちキビ　もちアワ　粒ソバ　キヌア　ハトムギ

材料
押し麦……大さじ2
キャベツ……30g
ニンジン……10g
ひじき……3g
水……3＋1/2カップ
自然塩……小さじ1＋1/5

作り方
① ひじきは戻さず、熱湯にそのまま入れて5分ゆでてザルにとり、長いものはハサミで切る。
② キャベツは長さ5cm、幅7mmほどのリボン状に切り、ニンジンは斜めに薄くスライスしてから、タテに5mm幅に切る。
③ 鍋に水と洗った押し麦とキャベツとニンジン、戻したひじきを入れて強火にかける。
④ 沸騰したら塩を加え、フタをして中火で30分ほど煮込む。

黒米とカボチャとサツマイモの デザートスープ

豆乳仕上げ、ほんのり甘いおやつ感覚のスープ

材料
黒米…………大さじ2
カボチャ………100g
サツマイモ……200g
水……………3カップ
豆乳…………1カップ
自然塩………小さじ1
カシューナッツ(トッピング用)…15g
クコの実(トッピング用)…適量

そのほかオススメの雑穀 つぶつぶ

ヒエ　もちキビ　もちアワ

作り方
1. 黒米は熱湯に浸け、フタをして30分蒸らし、水を切っておく。
2. カボチャとサツマイモは皮ごと1cm角に切る。
3. トッピング用のカシューナッツは煎って粗切り、クコの実は熱湯に1分浸けて水を切る。
4. 洗った黒米と水を入れて火にかけ、沸騰したら中火でフタをして10分煮て、野菜と塩を加えて20分煮る。
5. 豆乳を加えて、大きく混ぜながら5分煮る。
6. 盛りつけて、カシューナッツとクコの実をかざる。
冷たくしてもおいしい。

Point
黒米の色は濃い紫、種を酸化から守るアントシアニン系のポリフェノールの色。色素が強いので真っ黒になります。豆乳は煮すぎると分離するので気をつけて。

白菜とシイタケのつぶつぶスープ
やさしいとろみのちょっと中華風スープ

材料
もちアワ……大さじ2	昆布……5cm角
白菜……150g	生姜……3g
生シイタケ……50g	自然塩……小さじ1
水……3+1/2カップ	純米酒……大さじ2

作り方
1. 白菜はそぎ切り、生シイタケは薄切り、軸もタテに薄切りにする。
2. 鍋に水と昆布、千切りにした生姜、白菜、洗ったもちアワを入れて強火にかける。
3. 沸騰したら塩を加え、フタをして中火で15分煮る。
4. シイタケを加え、さらにときどき大きく混ぜながら10分煮る。
5. 最後に酒を入れて5分ほど煮る。アルコール分が飛んだらできあがり。

そのほかオススメの雑穀(つぶつぶ)

ヒエ　もちキビ

Point
白菜はタテに大きく切ってから、斜めに包丁を入れて大きめの一口大にそぎ切りにすると、肉厚な葉の歯ざわり感のあるおいしさを、ソフトな舌ざわりとともに楽しめる。

Recipes
2

油で炒めると
コクとうま味が
アップ

油を加えるときの作り方のポイント

① 野菜は好みに合わせて切る。
② 鍋に油を熱して、タマネギや根菜やスパイスを最初にさっと炒める。
③ 水を入れて強火にかけ、沸騰したら雑穀と塩と残りの野菜を
　加えて混ぜ、中弱火にして30〜40分煮込む。

＊油の量は、材料の表面に行きわたって、あまらないくらいが目安です。
＊炒めすぎないで、すぐに水を加えるのがポイントです。

TsubuTsubu Soup

ヒエとズッキーニのカレースープ
とろけるズッキーニとコリコリのエリンギがおいしい

そのほかオススメの雑穀（つぶつぶ）
もちアワ　もちキビ

材料
ヒエ………………………大さじ2	菜種油…………小さじ1
タマネギ………………50g	カレー粉………小さじ2/3
ズッキーニ（またはナス）…50g	水………………3＋1/2カップ
エリンギ………………50g	自然塩…………小さじ1＋1/2

作り方
① タマネギはヨコ半分、1cmのまわし切り（P20）、ズッキーニは2〜3cmの長さに切ってタテに4つか5つに割く。エリンギは3cmの長さに切って、タテに大きく割く。
② 鍋に油を熱してタマネギをさっと炒め、ズッキーニとエリンギも加えてカレー粉をふり、さっと炒める。
③ 水を入れて強火で沸騰させ、洗ったヒエと塩を加えて混ぜ、もう一度沸騰させ、フタをしてときどき大きく混ぜながら、中火で30分煮る。

PROCESS

① エリンギは菌糸にそってタテに爪を入れ大きく割く。

② 野菜はカレー粉といっしょにさっと炒める。

③ すぐに水を入れる。

④ 沸騰したらヒエと塩を入れる。

⑤ フタをして中火で30分煮込んでできあがり。

Point
野菜は短い棒のイメージで大きめに切る。
ズッキーニは煮くずれしやすいのでやや弱めの中火で煮る。

もちアワのバジルスープ
ジェノバ風イタリアンのつぶつぶスープ

Point
バジルペーストを作る。

材料
バジルの生葉……100g
オリーブ油………1/2カップ
ニンニク…………2片
松の実……………20g
自然塩……………小さじ1

作り方
バジルの葉は水分を拭いてから粗く手でちぎる。ニンニクの粗いみじん切り、松の実、オリーブ油、自然塩といっしょにフードプロセッサーに入れてペーストにする。バジルの茎は使わない。

材料
もちアワ…………大さじ2
タマネギ…………100g
バジルペースト…小さじ2
菜種油……………小さじ1
水…………………3+1/2カップ
自然塩……………小さじ1

そのほかオススメの雑穀（つぶつぶ）

 もちキビ ヒエ 押し麦

作り方
1. バジルペーストを作る（市販のものでもよい）。
2. タマネギはタテ半分を5mmのまわし切り（P48）にする。
3. 鍋に油を熱してタマネギをさっと炒め、水を入れて強火にかける。
4. 沸騰したら洗ったもちアワと塩を入れて混ぜ、沸騰したら、フタをしてときどき大きく混ぜながら、中火で25分煮る。
5. バジルペーストを加え、味をみて塩をたし、5分煮て味がなじんだらできあがり。

＊バジルペーストの塩加減によって塩の量は調節します。

夏野菜のラタトゥイユ風スープ

とろりとおいしい新食感ラタトゥイユスープ

Point
高野豆腐は水に浸けるだけですぐ戻る。好みに切ってハム感覚で活用できる。半分に切ってからそれぞれを3枚に、合わせて6枚のそぎ切りにする。よく水気を絞って使う。

材料

もちアワ……………………大さじ2	菜種油………………小さじ1
ナス（またはズッキーニ）……100g	オリーブ油…………小さじ1
ピーマン（またはパプリカ）…30g	（菜種油とオリーブ油のどちらか小さじ2でもよい）
トマト………………………100g	水………………………3+1/2カップ
タマネギ……………………50g	自然塩………………小さじ1+1/3
高野豆腐……………………1枚	月桂樹の葉（あれば）…1枚

そのほかオススメの雑穀（つぶつぶ）

もちキビ

作り方

1. ナスは4つに割って1cm幅に切る。ピーマンは半分に割って種を取り、4つに切る。
2. トマトは皮ごとざく切り、タマネギはヨコ半分、1.5cmの厚さのまわし切り（P20）にする。
3. 高野豆腐は水で戻してしぼり、一口大に切る。
4. 鍋に油を熱してタマネギをさっと炒め、ナスとピーマン、トマトも加えて炒める。
5. 水と半分にちぎった月桂樹の葉と高野豆腐を入れて沸騰させる。
6. 洗ったもちアワと塩を入れて、もう一度沸騰したら、フタをしてときどき大きく混ぜながら、中火で30分煮込む。

ハトムギとサヤインゲンのくたくた煮スープ

葉緑素とハトムギの薬効がハモった美肌スープ

Point
サヤインゲンは手で折るとおいしい。中の豆が切られないので、サヤにきちんと収まってくれる。

そのほかオススメの雑穀(つぶつぶ)

高キビ　押し麦

材料

ハトムギ………大さじ2	ニンニク……1片
サヤインゲン…100g	菜種油………小さじ1
タマネギ………50g	水……………4カップ
トマト…………50g	自然塩………小さじ1＋1/5

作り方

① ハトムギは熱湯に浸してフタをし、30分蒸らす。
② タマネギはヨコ半分、厚さ5mmのまわし切りに(P20)、トマトは1cmのさいの目に切り、ニンニクは繊維に直角に薄切りにする。サヤインゲンはヘタをとって3等分くらいに手で折る。
③ 鍋に油とニンニクを入れて中火にかける。
いい香りがしてきたらタマネギ、サヤインゲン、トマトをさっと炒め、水を入れて強火にかける。
④ 沸騰したら水気をきったハトムギと塩を入れ、煮立ったら中火にして30分煮込む。
⑤ ハトムギがやわらかくなったら味をみて、たりなければ塩をたして仕上げる。

ジャガイモとキビのイタリアンスープ

手軽に作れる本格イタリアン

Point
油が冷たいうちからニンニクを入れるのがコツ。ニンニクにじっくり火を通すことで刺激的なにおいが消え、やさしい香りが一面にただよう。

材料

もちキビ……………大さじ2	サヤインゲン(またはシメジ)……………30g
ジャガイモ………100g	オリーブ油(または菜種油 or ミックス)……大さじ1
タマネギ…………50g	水………………3+1/2カップ
ニンニク…………1片	昆布………………3cm角
赤唐辛子…………少々(鷹の爪1/3個)	自然塩……………小さじ1+1/5

作り方

1. ニンニクは薄切り、タマネギはヨコ半分、1cmの厚さのまわし切り(P20)にする。ジャガイモは皮ごと一口大に切る。赤唐辛子は種をとってみじん切りにする。サヤインゲンはヘタをとって3〜4等分に手で折る。
2. 鍋に油とニンニク、赤唐辛子を入れて中火にかける。
3. ニンニクの1切れが茶色くなりかけたら、強火でジャガイモ、タマネギの順にさっと炒め、水、昆布、洗ったもちキビを入れる。
4. 沸騰したら塩を入れ、フタをしてときどき大きく混ぜながら、中火にして20分煮込む。
5. サヤインゲンを加えて、さらに10分煮込む。

＊ゆでたてスパゲッティーにたっぷりかけるとスープパスタも楽しめます。その場合は塩を小さじ1/5増やします。

キヌアと白ネギと白キクラゲのスープ

キュッ、プリッとした歯ごたえがおいしい

材料
キヌア……………大さじ2
ネギ(白い部分)……70g(約1本)
白キクラゲ…………5g
干しシメジ…3g
ごま油………小さじ1
水……………3+1/2カップ
昆布………3cm角
自然塩……小さじ1+1/4

作り方
① ネギは4cmの長さに切り、タテに千切りにする。
② 白キクラゲは水で戻してから熱湯で1分ゆでる。かたい石づきの部分を除いて一口大に切る。
③ 鍋に油を熱してネギをさっと炒め、水と昆布と干しシメジを入れて強火にかける。
④ 沸騰したら洗ったキヌアと塩を入れ、もう一度沸騰したら、フタをしてときどき大きく混ぜながら、中火で30分煮る。
⑤ 最後に②の白キクラゲを入れて、さっと煮る。

Point
白キクラゲは水だけで戻る。さらに、熱湯でゆでたほうがプリッとしたコシが出ておいしい。手でさわってみて固いところは取り除き、炒めものなどの具として使う。

大根の中華つぶつぶスープ
手近な食材で本格中華味

Point
大根はタテに6つ割りにしてから2mmの厚さのイチョウ切りにする。4つ割りのイチョウ切りよりもしなやかな食感。

そのほかオススメの雑穀
もちアワ　ヒエ　キヌア

材料
もちキビ………大さじ2	ネギ……………30g	水………………3+1/2カップ
大根……………60g	生ワカメ………20g	昆布……………5cm角
生姜……………3g	ごま油…………小さじ1	自然塩…………小さじ1
		白ごま（トッピング用）…適量

作り方
① 大根はタテに6つ割りの薄いイチョウ切り、生姜は千切り、ネギは斜め薄切りにする。ワカメは一口大に切っておく。
② 鍋に油を熱し生姜を入れてさっと炒め、続けて大根を加えてさっと炒める。
③ 水と昆布を入れ強火にかけ沸騰したら、洗ったもちキビと塩を加える。もう一度沸騰したらフタをして、ときどき大きく混ぜながら、中火で煮込む。
④ 25分煮たら、ネギを加えて5分煮て味をみる。
⑤ 盛りつけてワカメをのせ、煎った白ごまをのせる。

カーシャボルシチ

植物性とは思えないコクとボリューム

材料
- 粒ソバ……………………大さじ2
- タマネギ………………100g
- ビーツ(またはカブ)…50g
- キャベツ………………100g
- 菜種油…………………大さじ1
- 水…………………………4カップ
- 自然塩…………………小さじ1+1/5

作り方
1. タマネギは薄めのまわし切り(P48)、キャベツは手で一口大にちぎり、ビーツはイチョウ切りにする。
2. 鍋に油を熱してタマネギをさっと炒め、水を入れて沸騰させる。
3. キャベツと洗った粒ソバと塩を加え、もう一度沸騰したらフタをして中火で15分煮込む。
4. ビーツを入れてときどき大きく混ぜながら、さらに15分煮込む。

＊カーシャは粒ソバのこと。粒ソバ入りのボルシチもロシアの定番料理。

Point
ビーツは、地中海沿岸地方原産のアカザ科の赤いカブのこと。独特の甘味があり、ロシア料理のボルシチには欠かせない。強烈な赤い色は漬けものの色づけなどにも使われる。

COLUMN

どんな油がいいの？

1.菜種油　2.ごまペースト　3.オリーブ油　4.ごま油

菜種油：ごま油＝7：3のミックス油がおススメ

菜種油

　リノール酸とα-リノレン酸という2つの必須脂肪酸をバランスよく含んでいます。

　必須脂肪酸というのは、体の中でつくることができない油の成分のことで、細胞の再生や体の調整に欠かすことのできない栄養素です。

　リノール酸とα-リノレン酸は正反対の働きでお互いバランスを取り合って体を調整しているので、どちらかが欠けるとさまざまな問題が生じる可能性が高くなります。

　2つの必須脂肪酸のうち、リノール酸は穀物をはじめ植物性の食材に豊富に含まれているので、不足する心配はありません。ところが、現代の食事にはα-リノレン酸が不足していることが、近年指摘されるようになりました。

　α-リノレン酸は血液をサラサラにし、傷を修復してキレイにするなど、多くの重要な働きをもっているといわれます。

　とくに、お腹の中の赤ちゃんや幼児にとって脳や神経細胞の健全な発育に欠かせないだけでなく、免疫力を養う働きがあるといいます。

ごま油

　体の働きを高める薬効成分と、酸化を止める抗酸化成分が豊富な油ですが、残念なことにα-リノレン酸の含有量は少ないのです。

　菜種油とごま油を7：3の割合で混ぜたミックス油を常食することで、油の酸化も体の酸化も弱まり、体の中の必須脂肪酸バランスも整う効果が期待できます。ごまペーストをバター感覚で使うのもいいですね。

オリーブ油

　必須脂肪酸が少ないので、菜種油と半々に割って風味を楽しむことをオススメします。それで充分オリーブ油のおいしさを楽しむことができます。

健康とおいしさをアップする　　おすすめトッピング①

ナッツと種子

植物性脂肪たっぷり。
風味、歯ごたえ、舌ざわり、三拍子そろったうま味アップ食材。
ナッツは木の実、種子は草の実です。

ナッツ

クルミ
良質の脂質が実の60〜70%を占めています。現代食に欠乏しているα-リノレン酸が多く、ビタミンB1、ビタミンE、カルシウムを含みます。山野に自生する和グルミのほうが味が濃く、栄養的にも優れています。

アーモンド
カルシウム、鉄、リン、カリウム、マグネシウムなどのミネラルを、豊富にバランスよく含んでいます。食物繊維も多く、抗酸化作用が注目されているビタミンEの多さは、食品中一番といわれています。

カシューナッツ
天然の甘みと深いコク。カシューナッツは香ばしく、やわらかいナッツとして人気ですが、じつは意外なほどたくさんの栄養素を含んでいます。亜鉛、銅、マンガンなどのミネラルを、バランスよく含んでいます。

クコの実
ほどよい甘酸っぱさと上品な香りが人気の秋に収穫される真っ赤な実。ビタミンA、B1、B2、C、カルシウム、リン、鉄などをはじめ、栄養分が豊富に含まれています。

種子

ごま
香ばしくてうま味たっぷりの高繊維食品。カルシウムや鉄分などのミネラルが豊富に含まれ、骨を頑強にし、貧血を予防する。身体の酸化を防ぐ成分を含んでいるので、老化防止や白髪の予防効果もあります。

カボチャの種
カロテン(ビタミンA)、ビタミンB1、B2、ナイアシンなどのほかに、ミネラル類、亜鉛、鉄分が豊富に含まれています。とくに、現代食に欠けている亜鉛が100gあたり7.7gと豊富です。

ヒマワリの種
良質のたんぱく質、マグネシウム、カルシウム、カリウム、鉄分、ビタミンE、ビタミンB1、ビタミンB6、リノール酸、亜鉛など、いろいろな栄養がバランスよく含まれています。

松の実
やさしい甘さと松のヤニの香りがおいしい脂肪分の多い種子。ミネラル、ビタミンB1、B2、B6、E、食物繊維に優れ、脂肪には良質の不飽和脂肪酸が含まれています。

❶ アーモンド
❷ ごま(黒ごま)
❸ ごま(白ごま)
❹ クコの実
❺ ヒマワリの種
❻ クルミ
❼ 松の実
❽ スライスアーモンド

Recipes 3

しょう油を
プラスして
香味とうま味をアップ

欧米の自然食のレシピの多く、
とくにスープには必ず「最後に好きなだけしょう油を入れる」
というフレーズがあります。
しょう油には発酵による300種類もの香気成分が
含まれているといいます。
発酵によってうま味と酸味と甘みのハモった塩、
薫り高い塩がしょう油です。
うま味と香気をまとった塩である「しょう油」を
料理の仕上げ食材として活用すると、
毎日の食卓のグルメ度は数段アップします。
酵素の働きで、消化を促進し、腸内の乳酸菌を元気にする
日本のヨーグルトともいえるのがしょう油です。
おいしさとともに健康度も数段アップします。
江戸時代にはすでに輸出が始まり、
高価なうま味調味料として珍重されていました。
今では世界中どこでも手に入る調味料です。

TsubuTsubu Soup

キヌアとキャベツとピーマンの白たまりスープ

グリーンからイエローのトーンが目にも舌にもさわやかなスープ

材料
キヌア………大さじ2
キャベツ……80g
ピーマン……正味30g(1個)
菜種油………小さじ1
水……………4カップ
自然塩………小さじ1
白たまり……小さじ1

作り方
1. キャベツは細い千切りに、ピーマンは種をとり、半分にしてヨコに千切りにする。
2. 鍋に油を熱してピーマンをさっと炒め、水を入れて強火にかける。
3. 煮立ったら洗ったキヌアと塩、キャベツを入れて、沸騰したらフタをしてときどき大きく混ぜながら、中火で30分ほど煮る。
4. 白たまりを入れて煮て、味を調える。

Point
白たまりは大豆を使わず小麦だけでできているうま味しょう油。洋風な料理に合う、さらっとしたうま味とコクが特徴。白たまりがなければ、しょう油でももちろんおいしくできる。

ニンジンつぶつぶスープ

黄金色の透き通ったキヌアがからんで、ニンジン新食感

そのほかオススメの雑穀

もちアワ　もちキビ

材料

キヌア…………大さじ2	昆布……………………3cm角
ニンジン………50g	自然塩…………………小さじ1強
タマネギ………30g	しょう油………………小さじ1
干しシメジ……2g	スライスアーモンド…適量
水………………4カップ	

作り方

1. ニンジンは千切りにする。タマネギは薄めのまわし切り(P48)にする。
2. 鍋に水と昆布と干しシメジと野菜、洗ったキヌアを入れて強火にかける。
3. 沸騰したら塩を加え、フタをしてときどき大きく混ぜながら、中火で30分ほど煮る。
4. しょう油を入れてさっと煮る。
5. 盛りつけて、炒ったスライスアーモンドをちらす。

Point

ニンジンは皮ごと大きく斜めに薄切りにしてから、タテにできるだけ細い千切りにする。千切りのニンジンにからんだ透明金色のキヌアが、なんともきれいでおいしいスープ。

もちキビと春雨のスープ

なぜかもちキビが鶏そぼろ感覚

Point
春雨は乾燥のままハサミで半分に切る。大きな袋の中で切ると切りやすい。そのままスープに入れて煮込むとうま味をたっぷり吸って味わいのある春雨スープになる。

材料

もちキビ……………大さじ2	ネギ（白い部分）……30g	昆布…………3cm角
生姜………………3〜5g	緑豆春雨……………25g	ごま油………小さじ2
レンコン…………30g	水………………………5カップ	自然塩………小さじ2/3
干しシイタケ……3g	（干しシイタケの戻し汁も合わせて）	しょう油……大さじ1

作り方

① レンコンはタテに6つ割りにしてから薄切りにする。ネギは5cmの長さに切り、タテに千切りにする。生姜は千切り、干しシイタケは水で戻して薄切りにする。春雨は乾燥のままを半分に切る。

② 鍋にごま油を熱し生姜を入れ、ネギを加えてさっと炒め、レンコンと干しシイタケも加えて炒めて水と昆布を入れる。

③ 沸騰したら洗ったもちキビと塩を入れ、もう一度沸騰したらフタをしてときどき大きく混ぜながら、中火で20分煮る。

④ 春雨としょう油を加え、さらに10分煮る。

＊水を4カップに減らすと、おかずになるほどコクのあるスープです。

里芋とネギのつぶつぶスープ

芋と雑穀、2つのとろみが融合

材料
もちアワ……………大さじ2
里芋…………………200g
ネギ…………………1本
水……………………3＋1/2カップ
昆布…………………5cm角
自然塩………………小さじ1
しょう油……………小さじ2

作り方
① 里芋はタワシで土を洗い流して皮をむき、大きめの一口大に切る。
② ネギは2cmの斜め切りにする。
③ 鍋に水と昆布と里芋、洗ったもちアワを入れて強火にかける。
④ 沸騰したら塩を加え、フタをしてときどき大きく混ぜながら、中火で20分煮る。
⑤ ネギとしょう油を加えて10分煮る。

そのほかオススメの雑穀(つぶつぶ)
ヒエ

Point
里芋はタワシでよく洗って土を落としてから皮をむく。芋に土が着くと落ちない。むいてから洗うと味が落ちる。

健康とおいしさをアップする　おすすめトッピング②

香味野菜と海藻

香味野菜

ネギ、ニラ
独特の香りが食欲を刺激し、おいしさを高めます。生のネギには、体温を上げ、冷え性を改善する働き、殺菌効果やビタミンBの吸収をよくする効果、疲労回復効果、血液サラサラ効果などがあるといわれています。風邪に効くことでよく知られています。

生姜
清涼感のある香りが食欲をそそります。独特の辛味が唾液の分泌を促し、消化吸収を助けて食欲を増進させます。殺菌効果があり、タンパク質分解酵素を含み、抗酸化作用もあります。血行促進作用があるので、身体をあたため、冷え症を改善します。

ニンニク
低温からゆっくり加熱することで独特の薬効成分が生じて、味もおいしくなります。口臭の心配もありません。新陳代謝が活発になり、疲労の回復を早め、脳が刺激されてヤル気や元気がでてきます。細菌やウィルスを撃退し、風邪をはじめとする感染症を予防できると期待されています。

柑橘類
独特の酸味と香りがスープをおいしくします。血行促進、疲労回復効果があり、小ジワを防ぎ、シミ、ソバカスを薄くする効果があるといわれています。肩こり、筋肉痛を予防するなどの働きもあります。

海藻

糸寒天
水に5〜10分浸けるだけで透明な食材として楽しめます。独特の歯ざわりが楽しめるトッピング食材として活用できます。

ヒジキ
ヒジキの食物繊維には、コレステロールや高血圧を下げ、整腸作用があります。カルシウムやカリウム、鉄など現代人に不足しがちなミネラル成分も豊富です。

ワカメ
葉緑素に富み、40%が食物繊維。ほかの素材や体の中の塩分を吸着する作用があります。コレステロールを下げ、肥満を防ぎ、大腸ガンや糖尿病を予防できると期待されています。

フノリ
腎臓の通りをよくする働きがあるといわれています。水でさっと洗っただけで戻るので便利。きれいな赤紫色の食材としてサラダに、スープの浮き実にと活躍します。

Recipes
4

味噌をプラスして風味とうま味をアップ

味噌は発酵によって生まれる深いうま味と風味の宝庫。
消化のよい植物性タンパク質と
必須脂肪酸を含む良質の植物性脂肪と
密度の高い食物繊維など、栄養もいっぱいです。
味噌には、放射能や環境ホルモンを追い出す解毒力があるといわれ
免疫力を高めアレルギーやガンをおさえる力もあるという
研究も進んでいます。
味噌を加えた雑穀(ざっこく)スープのおいしさと健康への威力には
すばらしいものがあります。

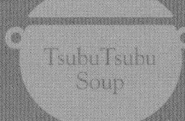

TsubuTsubu Soup

ブロッコリーのつぶつぶスープ

ミモザカラーのとろとろスープ

材料
もちキビ………大さじ2
タマネギ………50g
ブロッコリー…100g
水………………3+1/2カップ
昆布……………5cm角
自然塩…………小さじ1
麦味噌…………小さじ1

作り方
1. タマネギは5mm厚さのまわし切りに、ブロッコリーは一口大の小房に分けておく。
2. 鍋に水と昆布とタマネギと洗ったもちキビを入れ、かき混ぜながら強火にかける。
3. 沸騰したら塩を入れて、フタをしてときどき大きく混ぜながら中火で20分ほど煮る。
4. ブロッコリーと味噌を入れて10分煮込む。

Point
タマネギはタテに半分に切り、中心から放射状にまわしながら切る。一切れずつ同じ形、同じ栄養バランスに切れるので、舌ざわりがよい。

キュウリと粒ソバのスープ

味噌風味の透き通ったキュウリが新鮮！

材料

粒ソバ……………大さじ2	自然塩……………小さじ2/3
キュウリ…………1本(100g)	麦味噌……………小さじ2
水…………………4カップ	アオサ(トッピング用)…適量
昆布………………5cm角	

作り方

1. キュウリは薄切りにする。
2. 鍋に水と昆布とキュウリと洗った粒ソバを入れ、強火にかけて、沸騰したら塩を加え、フタをして中火にして煮る。
3. 20分煮て、味噌を入れて5分煮込む。
4. 器に盛り、アオサをトッピングする。

Point
粒ソバは、穀物の中では煮えやすい。沸騰したらすぐ中火に落とすと、キュウリのうま味を逃がしません。

ゴボウの味噌つぶつぶスープ
個性の違う3つの具を味噌がまろやかにつなぐ

Point
ゴボウを皮ごとよく炒めるのがポイント。鍋に油を熱してゴボウを入れ、焦げない程度の火でよい香りに変わるまで炒めることで、ゴボウのうま味が引きだされ、スープのおいしいだしとコクが生まれる。

材料
高キビ	大さじ2	水	5カップ
ゴボウ	100g	自然塩	小さじ1/3
糸コンニャク	120g	麦味噌	大さじ3
菜種油	小さじ2	薬味ネギ	適量

作り方
1. 高キビは熱湯に浸してフタをし、30分以上おき、水を切る。
2. ゴボウはささがき、糸コンニャクは水気を切って食べやすい長さに切る。
3. 鍋に油を熱してゴボウをよく炒める。ゴボウのツンとした匂いが甘い香りに変わったら、糸コンニャクを加えてさっと炒める。
4. 水と①の高キビを入れる。沸騰したら塩を入れ、フタをしてときどき大きく混ぜながら中火にして30分くらい煮込む。
5. 味噌を加えて5分煮る。
6. 盛りつけて小口に切ったネギをちらす。

高キビと金時豆のチリスープ

挽肉入りと勘違いするメキシカンスープ

材料
- 高キビ………大さじ2
- 金時豆………大さじ2
- 熱湯…………5+1/2カップ
- タマネギ……50g
- 大根…………30g
- ニンジン……20g
- トマト………50g
- ニンニク……1/2片
- 菜種油………小さじ2
- 自然塩………小さじ1
- しょう油……小さじ1
- 麦味噌………小さじ1
- チリ…………小さじ1/4～1/2

作り方
① 高キビと金時豆を熱湯に浸け、フタをして30分以上おく。
② 野菜はすべてみじん切りにする。
③ 鍋に油小さじ1とニンニクを入れて中弱火にかけ、よい香りがしてきたらタマネギ、チリを入れて炒める。
④ 油小さじ1をたして大根、ニンジンをさっと炒め、トマトと①を漬け汁ごと入れ、煮立てる。
⑤ 沸騰したら塩を入れ、フタをして中火で20分、中弱火でさらに20分煮る。
⑥ 高キビと豆が柔らかくなったら、しょう油、味噌を加えて5分ほど煮る。

＊チリのかわりに赤唐辛子を使う場合は、少なめにする。
＊チリを炒めるときに、オレガノ、クミンパウダーも加えると、より本格的な味になる。

Point
高キビも豆も熱湯に浸けて30分おくと、鍋で簡単に煮ることができる。水に浸けて一晩おいてもよい。

COLUMN

お助け食材「乾物」

棚にしまっておけて、水に浸けるだけで簡単に戻る乾物は、
忙しい現代人、一人暮らしや二人暮らしの人にとって、
まさに、お助け食材です。
日に干すことで味も栄養価も高まっているので、乾物をプラスすることで
スープのおいしさも栄養価もぐっとアップします。

高野豆腐
植物性の高タンパク食品。アンモニアや重曹などの添加物を使っていない昔ながらのものがオススメです。水に浸ければ10分で戻ります。戻ったら、ギュッと絞って水分を追い出してから使うとおいしく食べられます。

干しシメジ
シメジを乾燥させたもの。活力の素であるアルギニンを多く含み、ビタミン、ミネラルが多い。煮るとコンソメスープのような洋風のだしが出ます。戻ったシメジは噛みごたえのあるおいしい具材として活用できます。

緑豆春雨
小豆の仲間の緑豆のデンプンで作る春雨は中国産。コシがあっておいしい春雨です。熱湯ですぐに戻り、長く煮てもとろけずに食感を保ちます。戻さずにそのまま汁に入れて煮ると、コクとうま味のある春雨になります。

干しシイタケ
骨を丈夫にするビタミンDを含みます。中華風のだしには欠かせない濃い風味があります。機械乾燥のものでも、使う前に20分ほど自分で天日にあてると、ビタミンDの量は1000倍に増えるということです。

白キクラゲ
食物繊維50%、カルシウムも豊富。中国では不老長寿の妙薬です。水で簡単に戻り、熱湯で1分ゆでると、コリコリとした食感が楽しめます。透き通った白いフリルが料理に華やぎを添えます。

Recipes 5

雑穀を大さじ3に増やすとシチューになる

雑穀 ＋ 野菜 ＋ 水 ＋ 塩
大さじ3　150g　4カップ　小さじ1強

雑穀の量を大さじ1杯増やしただけ、とは思えないコクのあるシチューです。海藻サラダと漬け物を添えれば完全な一食に。

Tsubu Tsubu Soup

もちキビとマカロニのシチュー
オーブンなしで作れるマカロニグラタン

Point
途中、マカロニのゆで時間を逆算して仕上がりに間に合うようにマカロニを入れる。ゆでずに乾物をそのまま入れるだけなので簡単。

材料

もちキビ………大さじ3	マカロニ………80g
タマネギ…………50g	水………………3カップ
大根……………100g	昆布……………5cm角
カボチャ…………50g	自然塩…………小さじ1＋1/2
菜種油…………小さじ2	豆乳……………1/2カップ

作り方

① タマネギはヨコ半分、8mmのまわし切り(P20)、大根は一口大の乱切り、カボチャは一口大の薄切りにする。
② 鍋に油を熱してタマネギを炒め、水と昆布を加える。
③ 沸騰したら大根とカボチャと洗ったもちキビ、塩を入れて混ぜ、もう一度沸騰したらフタをしてときどき大きく混ぜながら、中火にして15分煮る。
④ マカロニを入れて、中弱火で10分煮込む。
⑤ 豆乳を入れてさっと煮る。
⑥ 好みで麦味噌かしょう油を隠し味にして仕上げると風味が高まる。

ヒエとキノコのシチュー
4種の食感の個性を包んだ熱々シチュー

Point
キノコは塩と酒をふって油でさっと炒める。塩気と酒のうま味のきいたキノコのエキスがそのままキノコの中にとどまるので、スープとキノコ2つのエキスのうま味を楽しめる。

材料
ヒエ……………大さじ3	シイタケ……50g	自然塩………………小さじ1/2および小さじ1
エノキダケ……100g	菜種油………小さじ2	麦味噌………………小さじ1
マイタケ………50g	純米酒………小さじ1/2	パセリ（トッピング用）……適量
シメジ…………50g	水……………3+1/2カップ	

作り方
1. エノキダケは半分に切り、マイタケとシメジは割く。シイタケは薄切りにする。
2. 鍋に油を熱してキノコ類をさっと炒め、塩小さじ1/2と酒をふる。
3. 水を加えて強火で煮立て、沸騰したら洗ったヒエと塩小さじ1を入れる。
4. もう一度沸騰したらフタをしてときどき大きく混ぜながら、中火で30分煮込む。
5. 味噌を加えてさっと煮て、味を調える。
6. 器に盛り、みじん切りにしたパセリをトッピングする。

黒もちアワとナメコのとろとろシチュー

透明なとろみをまとったアワとナメコのコンビネーション

そのほかオススメの雑穀（つぶつぶ）
もちアワ　もちキビ

材料
黒もちアワ……大さじ2
ナメコ…………100g
水………………3カップ
昆布……………5cm角
自然塩…………小さじ1
しょう油………小さじ1
薬味ネギ………適量

作り方
1. 鍋に水と昆布を入れ、沸騰したら洗った黒もちアワと塩を入れて、かき混ぜながら強火にかける。
2. 沸騰したらフタをして、ときどき大きく混ぜながら中火で25分煮る。
3. ナメコとしょう油を加えて、5分煮込み、仕上げる。
4. 小口に切ったネギをトッピングしてできあがり。

＊黒もちアワは、独特のブルルンとしたとろみが粒にまとわって炊きあがる、おいしいもちアワです。

Point
雑穀だけ煮るときはかたまってしまうので、最初にかき混ぜながら煮る。

キヌアと小豆のシチュー

甘くない小豆の味は新鮮

材料

キヌア………大さじ3	オリーブ油…………小さじ2
小豆…………大さじ3	水………………4カップ
タマネギ………50g	自然塩……………小さじ1+1/3
トマト…………100g	昆布………………3cm角
干しシメジ……3g	クレソン(トッピング用)…適量

作り方

1. タマネギはタテ半分に切り、繊維に直角に薄切りにし、トマトは皮ごと1cmのさいの目に切る。
2. 小豆はさっと洗って2カップの水で15分煮ておく。
3. 鍋に油を熱してタマネギをさっと炒める。
4. 水と昆布と干しシメジ、トマト、水を切った小豆を加えて強火で沸騰させ、洗ったキヌアを入れ、フタをして中火にして30分煮込む。
5. つまんで小豆が柔らかくなっていたら、塩を入れて5分煮込む。
6. クレソンをトッピングしてできあがり。

Point

小豆は水に浸けない。水から煮る。豆が柔らかくなってから塩を入れるのがポイント。最初から塩を入れると豆が柔らかく煮えない。

COLUMN

残ったシチューの活用術

🍞 マカロニグラタン

もちキビとマカロニのシチュー（P54）をグラタン皿に盛り、戻したフノリ（P46）をトッピングしてオーブントースターで焼くと、熱々こんがりのマカロニグラタンになります。

🍞 スフレパンケーキ

シチューに粉を混ぜてパンケーキに焼くと、ふんわり感がうれしいスフレパンケーキになります。

材料
もちキビとマカロニのシチュー…レシピの半分
自然塩………………………小さじ1/3
小麦粉………………………1/2カップ

作り方
1. 材料をさっくり混ぜ合わせ、スフレ生地を作る。
2. 小さじ2の油を熱したフライパンに、スフレ生地を2cmの厚さに丸く流す。
3. 15分位中弱火で焼き、裏返して5分焼く。

Recipes
6

つぶつぶ
コンビネーション

**2種類の雑穀を混ぜると
さらに多様なおいしさが生まれます。**

サイズの違う組み合わせ、サイズの同じ組み合わせ、
三穀コンビネーション、五穀コンビネーションと、
冒険して楽しんでみましょう！

TsubuTsubu
Soup

高キビとヒエとサイコロ大根のスープ
桜色のスープから透明な大根が顔を出す

材料
高キビ…………大さじ1
ヒエ……………大さじ1
大根……………200g
生シイタケ……1個
菜種油…………小さじ1
水………………4カップ
自然塩…………小さじ1+1/5
ヒマワリの種(トッピング用)…適量

作り方
1. 高キビは熱湯に浸け、フタをして30分以上おく。
2. 大根は1cm角のサイコロに切る。
3. 生シイタケは軸を取って放射状に薄くスライスし、軸は薄い小口切りにする。
4. 鍋に油を熱して大根をさっと炒める。
5. 水を入れて強火にかけ、煮立ったら洗ったヒエと水を切った❶の高キビを加える。
6. 沸騰したら塩を加えてひと混ぜし、フタをしてときどき大きく混ぜながら中火で30分煮込む。
7. 生シイタケを加えて5分煮る。
8. スープ皿に盛りつけて、煎ったヒマワリの種をトッピングする。

そのほかオススメの雑穀（つぶつぶ）
もちアワ　粒ソバ

Point
高キビは大きい赤茶色の粒で歯ごたえがある。ヒエは小さい白い粒。合わせてみると、舌ざわりも新鮮な桜色のスープに。

キューブベジのつぶつぶスープ

食べるスープの決定版！ 想像を超えたおいしさ

Point
野菜は合わせて250gくらいが目安。好みの組み合わせで。高野豆腐の厚みに合わせたサイコロに切りそろえる。残り野菜がリッチテイストのスープに。冷たくしてもおいしい。

材料

ハトムギ、高キビ、粒ソバ	各大さじ1
大根	40g
ニンジン	40g
タマネギ	50g
ブロッコリー（またはサヤインゲン）	50g
レンコン	30g
カボチャ	40g
高野豆腐	1枚
菜種油	小さじ2
水	6カップ
昆布	5cm角
自然塩	小さじ1+1/3
白ごまペースト	小さじ山1

作り方

1. ハトムギ、高キビ、粒ソバは熱湯に浸けて、フタをして30分おき、水を切る。
2. 野菜はすべて8mm角のサイコロに切る。
3. 高野豆腐は水で戻してしっかり水分をしぼり、サイコロに切る。
4. 鍋に油を熱してレンコンとタマネギを炒め、大根やニンジンもさっと炒める。
5. 水と昆布を加えて煮立て、カボチャと❶の雑穀、❷の高野豆腐、塩を入れ、沸騰したらフタをしてときどき大きく混ぜながら、中火で35分煮る。
6. ブロッコリーを入れて5分くらい煮る。
7. 火を止めてごまペーストを混ぜる。

＊煮たてるとごまペーストが分離してしまうので注意。　＊ミックス海藻サラダを添えて。

ナッツ&カボチャ入り五穀スープ
舌にとろける5種類の粒とカボチャ

材料
五穀…………大さじ2	菜種油…………小さじ2
カボチャ…………100g	水……………4カップ
タマネギ…………50g	昆布……………3cm角
カシューナッツ…30g	自然塩………小さじ1+1/5

作り方
1. カボチャは1.5cm角、タマネギはヨコ半分、5mmのまわし切り(P20)にする。
2. カシューナッツは煎ってザルの上で冷まし、半分に切る。
3. 鍋に油を熱してタマネギをさっと炒め、水と昆布を入れる。
4. 沸騰したら塩と洗った五穀とカボチャを加えて、もう一度沸騰したらフタをしてときどき大きく混ぜながら、中火にして30分煮る。
5. カシューナッツを混ぜて器に盛りつける。

Point
カボチャは切る前によく洗ってから切る。中心から放射状に切る。味が落ちるので切ったら洗わない。

アワ麦ポトフ

スープも楽しめる洋風野菜おでん

Point
丸ごと鍋に放り込んだ野菜と雑穀、強火で沸騰させたら、あとはストーブに乗せてコトコト煮込むだけ。押し麦といっしょに煮た野菜は、コクとうま味がのっています。煮えた野菜を皿に盛り、スープはスープカップで楽しむ。

材料

もちアワ……大さじ1	キャベツ……80g	干しシメジ……5g
押し麦……大さじ2	レンコン……80g	水……4カップ
ジャガイモ……100g	大根……80g	昆布……10cm角
タマネギ……80g	ニンジン……60g	自然塩……小さじ1+1/5
		クルミ(トッピング用)…適量

作り方

① 根野菜はタワシでよく洗う。
② 鍋に水と昆布と干しシメジ、すべての野菜、洗ったもちアワと押し麦も入れて強火にかける。
③ 沸騰したら塩を入れて、中弱火で30分ほどコトコト煮込む。
④ スープには、煎ったクルミをトッピングする。

COLUMN
スープのおとも

雑穀ごはんパン
天然酵母パンの生地を練るときに
雑穀ごはんを入れると、
しっとりもっちりの
栄養バランスのよいパンになる。

材料を混ぜるだけでできちゃう
ごまバター

材料　練りごま……大さじ2
　　　　しょう油……大さじ1
　　　　水…………大さじ2〜3

溶かしバター感覚で楽しめる
塩油

材料　菜種油……大さじ2
　　　　自然塩……小さじ1/2

雑穀ごはんのおにぎり
炊きたての雑穀ごはんをおにぎりにして
味噌を塗って冷蔵庫にストック。
オーブントースターで焼くと、
炊きたてホカホカの
おいしい焼きおにぎりが楽しめます。

昆布活用術
スープのうま味に使った昆布は、好みに細かく切って、サラダのトッピングや炒め物の具材にと活用できます。使いきれない分は、千切りか2cm角に切って冷凍庫に備蓄して自家製佃煮のできあがり。

昆布佃煮

材料　だしに使った昆布…50g
　　　　しょう油………大さじ1
　　　　水……………大さじ2

＊材料を鍋に入れてコトコト煮きる。あれば煎りゴマをふる。

ミックス蒸し野菜

みずみずしい野菜のおいしさをそのままキープしながら、
ストック野菜としてとても重宝するミックス蒸し野菜。
そのままサラダにしたり、スープの具にしたり、
さまざまに活用できておすすめです。

材料（できあがり約600g）
- キャベツ…600g（1/2個）
- パプリカ…100g（1個）
- ニンジン…100g
- 自然塩……小さじ1

作り方
1. キャベツは一口大に切ってバラバラにし、パプリカは千切りに、ニンジンは薄い半月切りにする。
2. 野菜をザルに入れて塩をまぶし、水を1cm入れて沸騰させた鍋で5分蒸す。

＊ザル蒸しは、少量の蒸しものに便利な時間もエネルギーも節約できる料理法。

ごはんを乾かしてストック

炊いた雑穀ごはんを、おいしいうちに平らなお皿やバットなどに均一にひろげ、
冷ましてから冷蔵庫でストック。
チャーハンにぴったりなポロポロ状になって、とっても便利です。
手でほぐしてから使うのがポイント。

蒸し野菜いっぱいチャーハン

材料
- ストック冷やごはん……………180g
- ミックス蒸し野菜………………200g
- ごま油……………………………小さじ2
- 自然塩……………………………小さじ1/3
- こしょう…………………………ひとつまみ
- 薄口しょう油……………………小さじ1
- ヒマワリの種（トッピング用）…適量

作り方
1. フライパンにごま油を熱し、ストック冷やごはんを炒める。木べらで切るようにほぐして、全体に油をなじませる。
2. 塩とこしょうを加えて混ぜ合わせ、ミックス蒸し野菜を加えてあたためる程度に炒める。
3. 薄口しょう油で風味をつけ、ヒマワリの種をトッピングしてできあがり。

漬け物チャーハン

材料
- 残りごはん………………300g
- 高菜漬け…………………30g
- 菜種油……………………大さじ2
- 自然塩……………………小さじ1/3
- しょう油…………………小さじ1
- 松の実（またはごま）……適量

作り方
1. 油を熱して細かく切った高菜漬けをさっと炒める。
2. ごはんを入れ、塩を加えてよく混ぜ炒めする。
3. しょう油を鍋肌から加えて香りをつけ、煎った松の実を加えて仕上げる。

スープに合う 5分間クッキング

— 5 Minutes Cooking

ひじきマリネ

材料
- ひじき…………7g
- 菜種油…………大さじ2
- 梅酢……………大さじ1
- しょう油………小さじ1/3
- 月桂樹の葉……1/2枚

作り方
ひじきは戻さずそのまま熱湯で5分ゆでて、梅酢と倍量の菜種油を合わせ、しょう油少々で風味を出し、月桂樹の葉を入れたドレッシングに漬け込む。

＊日持ちのするマリネです。好みの旬野菜を混ぜ込んだり、サラダにひじきマリネをトッピングしたり、便利なストックです。

ミックス海草マリネ

材料
- ひじきマリネ… 1単位
- 糸寒天…………7g（5〜10分水に浸けて切る）
- フノリ…………7g（さっと水をくぐらせるだけで戻る）

作り方
ひじきマリネに、戻した糸寒天とフノリを混ぜると、海草ミックスマリネのできあがり。

＊長く保存でき、そのままでも、また、旬の蒸し野菜や生野菜とあえたり、手軽に海草料理を楽しめる。

漬け物いろいろ

ミョウガの梅酢漬け
赤梅酢に生姜やミョウガなどをスライスして漬ける。

みそ漬けゴボウ
ゴボウを皮ごと棒切りにして熱湯で5分ゆで、麦味噌に漬け込む。

青菜の塩漬け
青菜をざくざく切り、3％の自然塩をまぶしてから、青菜の2倍の重しをして一晩漬け込む。

ゆずゴボウ
ゴボウを皮ごと斜め薄切りにして5分ゆで、しょう油を同量の水で割ってユズかレモンの絞り汁を加えた漬け汁に漬け込む。

Recipes
7
巷の人気メニューを
つぶつぶで

いつものストック食材と旬の野菜で
巷の人気メニューが簡単に作れます。

TsubuTsubu Soup

フカヒレ風ヒエと糸寒天のスープ
熱で溶けかかった糸寒天の食感が最高！

材料

ヒエ…………	大さじ2
エリンギ……	80g（軸の正味で）
ネギ…………	50g（白い部分）
糸寒天………	5g
水……………	4カップ
昆布…………	5cm角
自然塩………	小さじ1＋1/2
純米酒………	大さじ3
しょう油……	小さじ1

作り方

1. エリンギは頭を取り、タテに細く割く。ネギは3cmに切り、タテに千切り。糸寒天は10分水に浸けて戻して3～4cmに切る。
2. 鍋に水と昆布とエリンギと洗ったヒエを入れて、かき混ぜながら強火にかける。
3. 沸騰したらネギと塩を加え、フタをして中火でときどき大きく混ぜながら30分煮る。
4. 酒としょう油を加えて5分煮る。
5. 糸寒天を入れてすぐに火を止め、熱々のうちに盛り分ける。

Point

糸寒天はたっぷりの水に浸すと、5分で歯ごたえを残したままで透明に戻り、おいしく食べられる。10分浸けるとやわらかく戻る。煮ると溶けるので寒天を入れたら火を止める。

トムヤムつぶつぶスープ
タイの定番スープ

材料

ヒエ	大さじ2
シイタケ	2個(25g)
エリンギ	120g
ネギ	30g
モヤシ	50g
ごま油	小さじ1
水	4カップ
自然塩	小さじ1
レモン汁	大さじ2
赤唐辛子	1/3本
生姜	5g
薄口しょう油	大さじ2
純米酒	大さじ2
カシューナッツ	20粒
香菜(トッピング用)	適量

作り方

1. エリンギは厚さ8mmの輪切りにする。ネギは3mmの斜め薄切り、生姜は1mmの薄切りにする。
2. シイタケは4つ割りに、カシューナッツは煎って半分に切る。
3. 鍋に油を熱してエリンギの半量をさっと炒め、塩半量と酒大さじ1をふりかけてフタをし、火にかけ蒸し煮にする。
4. ③の鍋に水と生姜を入れて沸騰させ、洗ったヒエと塩半量を入れてもう一度沸騰したらフタをして、ときどき大きく混ぜながら、中火で20分煮込む。
5. ネギ、残りのエリンギ、シイタケ、種をとってみじん切りした赤唐辛子、酒大さじ1、レモン汁、薄口しょう油を加えて10分煮る。
6. モヤシを入れて火を止める。
7. 器に盛ってカシューナッツと香菜をトッピングする。

Point

レモン汁はレモングラスの代わり、赤唐辛子、薄口しょう油、酒、これだけの組み合わせで、新感覚のトムヤムスープが楽しめる。

つぶつぶハリラスープ
モロッコのお袋の味定番スープ

材料
もちアワ……大さじ2
タマネギ……50g
セロリ………30g
パセリ………25g
トマト………50g
ニンジン………30g
菜種油…………小さじ1
オリーブ油……小さじ1
チリ……………小さじ1/3～
水………………4カップ
昆布………3cm角
自然塩……小さじ1/3および小さじ1
麦味噌……小さじ1

そのほかオススメの雑穀
ヒエ　もちキビ

作り方
1. 野菜はすべてみじん切りにする。
2. 鍋に油を熱してタマネギを炒め、セロリ、パセリ、トマトも入れ、塩小さじ1/3とチリを加えてさらに炒める。
3. 水と昆布を入れ、ニンジンを加えて沸騰させる。
4. 洗ったもちアワと塩小さじ1を入れて、フタをしてときどき大きく混ぜながら、中火で30分ほど煮込む。
5. 味噌を加えて味を調える。

Point
セロリは繊維に直角に切ると食べやすく消化もよくなって香りが生きる。

つぶつぶフェイジョアーダ
南米のお袋の味をつぶつぶスープに

材料
ハトムギ………大さじ2
白インゲン豆…1/3カップ
熱湯…………5+1/2カップ
タマネギ…1個(200g)
菜種油……大さじ1
ニンニク…1片(4g)
自然塩……小さじ1+1/3

そのほかオススメの雑穀 高キビ　粒ソバ

作り方
1. 白インゲン豆とハトムギは熱湯に浸してフタをして30分おく。
2. ニンニクとタマネギは粗いみじん切りにする。
3. 鍋に油とニンニクを入れ中火にかけ、いい香りがしてきたらタマネギも加えてさっと炒める。
4. ①を漬け汁ごと入れ、強火で沸騰させ、フタをしてときどき大きく混ぜながら、中火で20分、中弱火にして20分煮る。
5. 豆が柔らかくなったら塩を入れてしばらく5分煮る。

＊豆と豚肉(鶏肉)の料理のように紹介されているフェイジョアーダは、本来は肉なしの庶民料理でした。

＊粒ソバは、熱湯に浸けなくてよい。

Point
煮る前に豆が充分に戻っていることがポイント。豆とハトムギは水に浸けて一晩おいてもよい。火が強すぎると煮くずれるので気をつけて。

旬野菜と
仲よくしよう！

Vegetable in season

日本の大地でその季節に育つ野菜には、
気候の変化の激しい高温多湿の風土に住む日本人の体に、
抵抗力をもたらします。
その時々に体が必要としている成分が充分に含まれているので、
ベストな体調を保つことができます。
和野菜、とくに根菜を中心に旬の野菜と雑穀を取り合わせたスープは
舌にもおいしいけれど、体にもおいしいのです。
体が目覚めて、どんどん自然のリズムを取り戻していきます。

春 —— Spring

体の目覚まし時計。
新陳代謝を活発にする。

菜の花、芽もの、山菜、野草

夏 —— Summer

体を適度に冷やして
暑さへの抵抗力をつくる。
解毒力、排出力が強い。

実もの、ウリ類（キュウリ、ズッキーニなど）、
タマネギ、ジャガイモ、トマト、ナス、
ピーマン、トウモロコシ、インゲン

秋 —— Autumn

夏にゆるんだ体を引き締め、
冬の寒さに負けない体をつくる。

根菜、葉もの、豆、カボチャ、木の実、
キノコ、イモ、果物

冬 —— Winter

糖分の多い野菜が
体を内側からあたためてくれる。

葉もの（白菜、ネギ）、根菜、柑橘類、
保存食料（乾物、塩漬も含む）

Recipes
8

つぶつぶ
ポタージュスープ

びゅーんとマッシュすれば、
オリジナルのポタージュスープ

残った雑穀スープはマッシュすれば、みーんなポタージュに！

ミルキー……… ヒエ ＋ 野菜 ＋ 油 ＋ 塩
チーズ風味… もちアワ ＋ 野菜 ＋ 油 ＋ 塩
卵風味……… もちキビ ＋ 野菜 ＋ 油 ＋ 塩

冷めると固くなりますが、ディップとしてもおいしいです。
あたためるときは、水を少し入れて
とろみを調節しながらあたためるのがポイント。

TsubuTsubu
Soup

アスパラガスのヒエポタージュ
初夏の味が溶けたつぶつぶクリーミースープ

材料

ヒエ……………大さじ3	水…………4カップ
タマネギ…………50g	昆布………5cm角
アスパラガス……150g	自然塩……小さじ1＋1/5
菜種油……………小さじ2	

作り方

1. タマネギはタテ半分のまわし切り(P48)、アスパラガスは2〜3等分に切る。
2. 鍋に油を熱してタマネギをさっと炒める。
3. 水と昆布とアスパラガスを入れ強火にかけ、沸騰したら洗ったヒエと塩を入れてフタをしてときどき大きく混ぜながら、30分煮る。
4. トッピング用のアスパラガスと昆布を引きあげる。
5. フードプロセッサーなどにかけて、なめらかなポタージュにする。
6. 鍋であたためる。

＊冷めるとかたまるので、水少々でゆるめてあたためます。

PROCESS

1. 料理する直前に、アスパラガスの根元を折る。
   ＊ポキッと折れるところから下はかたくて食べられないので、捨てる。
2. タマネギを炒め、水と昆布とアスパラガスを入れる。 
3. ヒエとアスパラガスを入れ、フタをして中火で30分煮る。途中、何回か大きく混ぜる。 
4. 煮えたら、昆布を引き上げる。 
5. フードプロセッサーでビューン。 
6. 鍋であたためて、できあがり。

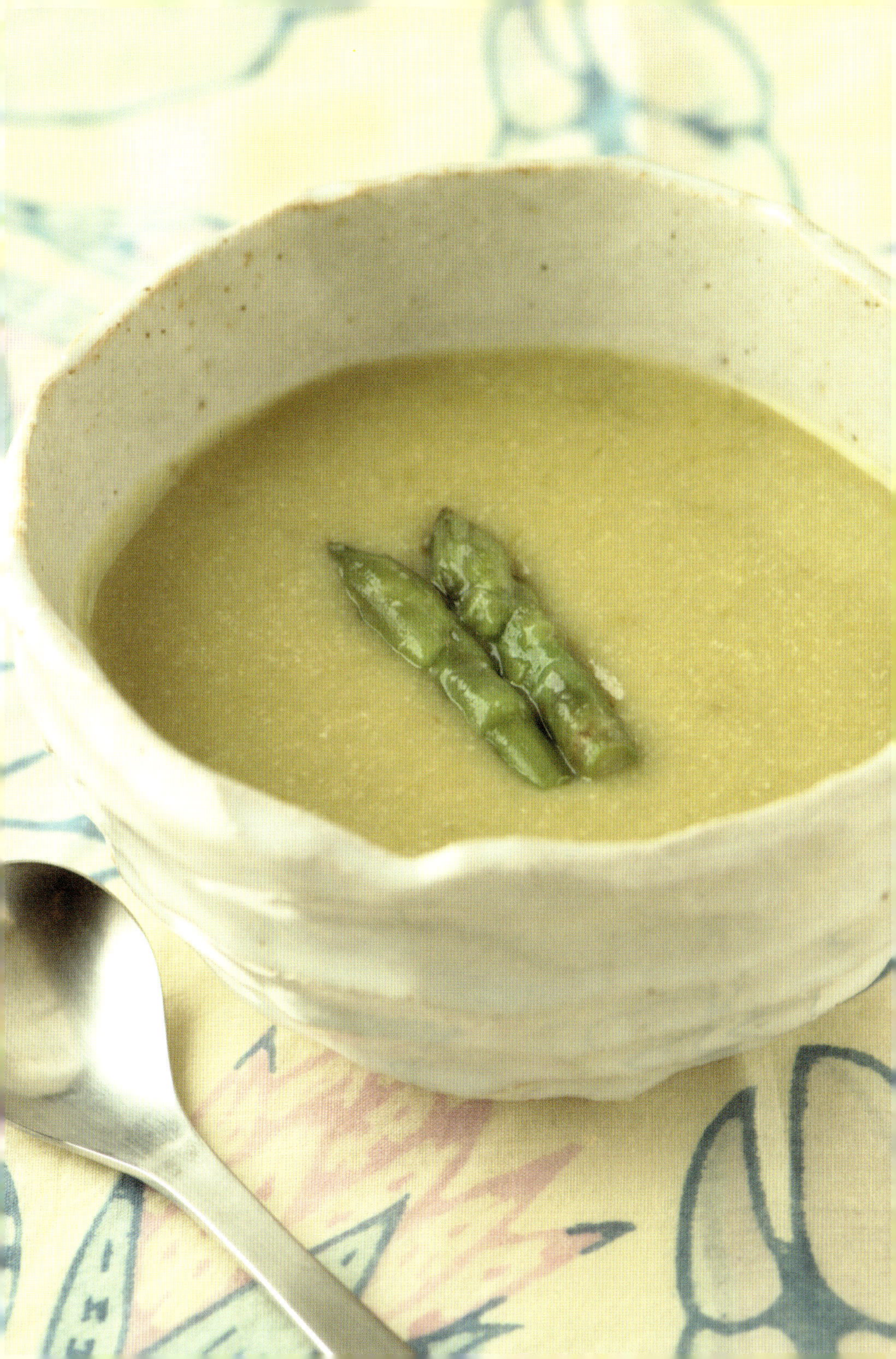

もちアワとカボチャの味噌風味ポタージュ
塩味のきいた甘さがうれしい

材料
- もちアワ………大さじ3
- タマネギ………1/4個(50g)
- カボチャ………150g
- 菜種油…………小さじ2
- 水………………4カップ
- 昆布……………5cm角
- 自然塩…………小さじ1
- 麦味噌…………小さじ1
- ヒマワリの種(トッピング用)…適量

作り方
1. タマネギはタテ半分のまわし切り(P48)、カボチャは皮をむいて一口大に切る。
2. 鍋に油を熱してタマネギをさっと炒める。
3. 水と昆布とカボチャを入れ、強火にかけて、沸騰したら洗ったもちアワと塩を入れてもう一度沸騰させ、フタをしてときどき大きく混ぜながら、中火で30分煮る。
4. 味噌を混ぜ込み、フードプロセッサーでなめらかなポタージュにする。
5. 鍋にとってあたため、味と水分を調節して仕上げる。
6. 煎ったヒマワリの種(またはカボチャの種)をトッピングする。

ジャガイモのヒエポタージュ
冷めたらとろりとおいしいディップとしても楽しめる!

材料
- ヒエ……………大さじ3
- タマネギ………50g
- ジャガイモ……150g
- 菜種油…………小さじ2
- 水………………4カップ
- 昆布……………5cm角
- 自然塩…………小さじ1+1/5
- アーモンド(トッピング用)…適量

作り方
1. タマネギはタテ半分のまわし切り(P48)、ジャガイモは一口大に切る。
2. 鍋に油を熱してタマネギをさっと炒める。
3. 水と昆布とジャガイモを入れ強火にかけ、沸騰したら洗ったヒエと塩を入れてもう一度沸騰させ、フタをしてときどき大きく混ぜながら、中火で30分煮る。
4. フードプロセッサーにかけて、なめらかなポタージュにする。
5. 鍋にとってあたため、味を調節して仕上げる。
6. 煎ったアーモンドをトッピングする。

ズッキーニのヒエポタージュ
コクがあるのにサラッとおいしいさわやかポタージュ

材料
- ヒエ……………大さじ3
- タマネギ………50g
- ズッキーニ……150g
- 菜種油…………小さじ2
- 水………………4カップ
- 昆布……………5cm角
- 自然塩…………小さじ1+1/5
- クルミ(トッピング用)…適量

作り方
1. タマネギはタテ半分のまわし切り(P48)、ズッキーニは1cmくらいの輪切りにする。
2. 鍋に油を熱してタマネギをさっと炒める。
3. 水と昆布を入れ強火にかけ、沸騰したらズッキーニと洗ったヒエと塩を入れ、もう一度沸騰したらフタをしてときどき大きく混ぜながら、中火で30分煮る。
4. フードプロセッサーにかけて、なめらかなポタージュにする。
5. 鍋であたため、味と水分を調節して仕上げる。
6. 煎ったクルミをトッピングする。

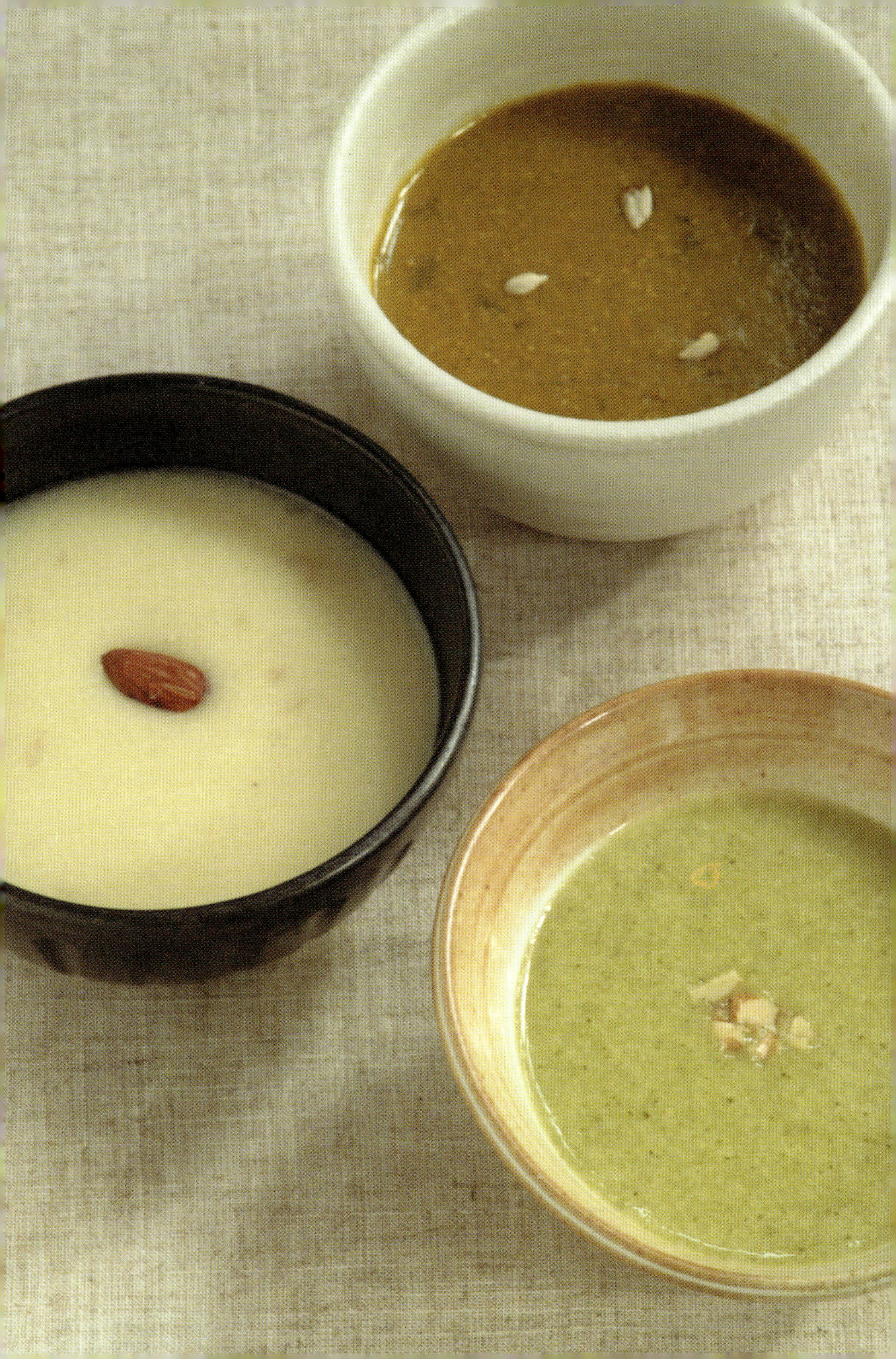

雑穀の栄養

穀物はデンプンのかたまりで、栄養のたりない食べもの、という認識がまだまだ一般的ですが、
じつは、穀物にはタンパク質や脂肪も充分に含まれています。
それだけではありません。体に必要な栄養素のほとんどが、それも、
人間の体にぴったりのバランスで含まれているんです。
雑穀には食物繊維とミネラルとビタミンもたっぷり含まれています。
さらに、米や小麦に少ない栄養成分が含まれているので、
雑穀を取り入れると食卓の栄養バランスが高まるのです。
野生の生命力を残した雑穀には、
分析できる栄養分以上の見えない力が宿っているのを実感しています。

> 雑穀には
> タンパク質も脂肪も
> 含まれています

炭水化物
体の基本燃料、一番多く必要な栄養素

タンパク質
細胞をつくるのに欠かせない植物性の必須アミノ酸がそろっていて、その質の高さが評価されている。どの雑穀にも炭水化物の1/7量という完全燃焼バランスで含まれている

植物性脂肪
意外と脂肪分も豊富。細胞をつくるのに欠かせない必須脂肪酸が多いのが雑穀の特徴

ビタミン
炭水化物、タンパク質、脂肪、三大栄養素の消化吸収にはビタミンが欠かせない。雑穀には、炭水化物の燃焼に欠かせないビタミンB群を主に、すべてがそろっている

ミネラル
マグネシウムや亜鉛、鉄など、現代食にかけているミネラルがとくに豊富

酵素
体の働きを推進する主役である酵素が豊富

繊維
食物繊維の密度と質が抜群で豊富に含まれている

ポリフェノール
雑穀の色は抗酸化力をもったポリフェノール類の色

体を調整してくれる各種植物栄養素
その種類2000にもおよぶといわれる、体の諸機能を調整してくれる植物性栄養素の宝庫

ヒエ・アワ・玄米 の 栄養成分比較

ヒエ(精白粒)
▼

アワ(精白粒)
▼

玄米(水稲穀粒)

(すべて100gあたり)

エネルギー(kcal)
ヒエ 367 / アワ 364
玄米 350

たんぱく質(g)
ヒエ 9.7 / アワ 10.5
玄米 6.8

脂質(g)
ヒエ 3.7 / アワ 2.7
玄米 2.7

炭水化物(g)
ヒエ 72.4 / アワ 73.1
玄米 73.8

ナトリウム(mg)
ヒエ 3 / アワ 1
玄米 1

カリウム(mg)
ヒエ 240 / アワ 280
玄米 230

カルシウム(mg)
ヒエ 7 / アワ 14
玄米 9

マグネシウム(mg)
ヒエ 95 / アワ 110
玄米 110

リン(mg)
ヒエ 280 / アワ 280
玄米 290

鉄(mg)
ヒエ 1.6 / アワ 4.8
玄米 2.1

亜鉛(mg)
ヒエ 2.7 / アワ 2.7
玄米 1.8

ビタミンB$_1$(mg)
ヒエ 0.05 / アワ 0.2
玄米 0.41

ビタミンB$_2$(mg)
ヒエ 0.03 / アワ 0.07
玄米 0.04

ビタミンB$_6$(mg)
ヒエ 0.17 / アワ 0.18
玄米 0.45

食物繊維(総量)(g)
ヒエ 4.3 / アワ 3.4
玄米 3

● 文部科学省 科学技術・学術審議会 資源調査分科会 報告「五訂増補日本食品標準成分表」をもとに作成

雑穀の魅力

調和の波動で未来を癒す

　つぶつぶ雑穀は、調和のとれた波動をもっています。青森で発掘された縄文遺跡からも、ヒエをはじめいくつかの雑穀があったことがわかっています。

　雑穀を栽培していたのは女性たちでした。命の原理で、男性と女性を調和させて集落を取りまとめていたのも女性。女性がリードしていた縄文時代、人々は数百年以上も同じ場所に定住し、ほとんど争ったり破壊した痕跡がないのです。

　男も女もシンプルに、でもおしゃれ心をもって装い、自然に育まれる暮らしを謳歌していました。世界各地で5000〜6000年も前の遺跡の発掘が進んでいますが、ほとんどの遺跡が同じ事実を示しています。

　本来、命を宿し育てる役割は女性のものです。いつからか、男性原理だけが一人歩きして暴走し、人類の危機ともいえる状況を招いてしまいました。「穀物丸ごと食＝つぶつぶクッキング」で、眠っている女性原理をまず女たち一人ひとりの体に取り戻しましょう。そして、男性原理の暴走で手に負えなくなってしまった社会を、女性原理で調和する、たおやかな社会に変えていきましょう。それは、男性の潜在的な望みでもあるのではないでしょうか。

　つぶつぶ食生活への転換は、文明の女性性を目覚めさせ、争いのない調和のとれた社会を創るための力強い第一歩なのです。

雑穀でいざというときの備えは万全

　雑穀は米に比べて冷害や気候の変動に対する適応力があるので、昭和30年代まで全国の寒冷地や山間地の主要な自給食糧でした。「雑穀ばかり食べていた頃は、冷害なんてなかったなぁ」と岩手県の軽米町で今もヒエを作り続け、食べ続けているおじいさんは言っていました。歴史的な飢饉の時や戦争中に、多くの人の命を救ったのも雑穀です。

　少ない水、少ない肥料で育つので、米や小麦のできない山間地で充分生育できます。岩手県の岩泉町では昭和44年頃まで、買うのは塩くらいで、あらゆる雑穀と豆、野菜、味噌、もろみなどを作って、一町歩ほどの土地を耕して10人家族が自給して健康に暮らしていたそうです。

　穀物と野菜から栄養をとる食生活なら、なんと肉の30分の1の食糧でたりるといわれています。

　今から「つぶつぶ」たちのおいしさに親しみ、料理法を身につけて、種継ぎをしていれば、いざという時に自分の命も家族の命も悠々と守ることができます。

1粒万倍の生命創造力

　5月は田植えの季節。1粒の米は苗になって田んぼに植えられると、しっかり根を張る努力をします。つぎに、分けつといって扇形に十数本の茎をぐんぐん伸ばし、そして秋には、それぞれの茎の先に150〜200粒の米を実らせます。なんと、1粒から2000〜3000粒のお米が生まれる計算になります。

　1膳のごはん茶碗の中には、3000粒のお米が入っています。1株の稲から収穫されるお米の生命力が3000粒、ぎっしり詰まっています。

　同じように、ヒエもアワもキビも、つぶつぶ穀物たちはみんな、その1粒の中に自分自身の分身を数千〜万倍生み出す生命創造のシステムを宿しています。

　雑穀は、乾燥した状態なら何年もこの生命力を持続することができます。

　驚異的な話ですが、1500年前の遺跡から出てきたアワが、しっかり現代に実って命をつないでいるそうです。

　それに比べて、現代のお米は、1年で発芽率が半分以下になってしまうそうです。

　片手に1杯の穀物を種として蒔けば数千倍に増え、1年分を収穫し、収穫した中からまた一握りを残して蒔くことを繰り返せば、永遠に私たちの命を養ってくれるミラクルな食べものが雑穀です。

　1粒万倍の生命力を宿した雑穀を毎日食べると、私たちの体の生命創造のシステムも大きく高まります。

農薬いらずのエコ作物

　伝統的に、ヒエ、麦、大豆またはアワ、麦、大豆の輪作で、畑の地力も人の健康も守られてきました。雪の降る東北地方では、2年かけてこの3種を輪作していました。最初の畑が2年輪作している間に、つぎの畑を1年ずらして始めて毎年収穫していたのです。すごい知恵だと思いませんか。

　冬には体をあたためるヒエ、アワ、キビを、夏には体を冷やす麦を中心に食べ、カリウムの多すぎる消化しにくい大豆は麦と塩と抱き合わせて発酵させ、ミネラルバランスのとれた消化のよい味噌にしておかずや汁にする食生活で、私たち日本人の命は守られてきたのです。

　1粒の命創造のシステムと、大地の生命創造システムを丸ごと味わいつくす食生活です。

　雑穀は生命力が強く病気になりにくいので、農薬が必要ないのも大きな魅力です。より多くの人が雑穀を食べるようになれば、世界の食糧問題を解決していく大きな力になります。

未来食ショップ つぶつぶ

雑穀の通販なら「つぶつぶ」をご利用ください。
「つぶつぶ」は、これまで約30年の普及活動を経て、
農薬不使用のおいしい国産雑穀を皆様のご家庭にお届けしています。

つぶつぶ雑穀1カップシリーズ

1カップシリーズはここが違う！おいしさの秘密

国産、農薬不使用
安心の国産、農薬不使用。真心をこめて育てられた雑穀は、おいしさが違います！
※国内生産量の少ない「キヌア」「ラギ粉」「アマランサス」のみ、海外産の有機栽培のものも取り扱っています。

顔が見える
つぶつぶの活動に賛同している生産者「つぶつぶ栽培者ネット」の雑穀、または顔の見える地域団体の雑穀です。

使いやすい量
1袋は、レシピにあわせた1カップサイズ。雑穀は炊くと2～3倍に増えるので、1カップで約10人分です。

最後にここがポイント！
生産者も、販売しているスタッフも、つぶつぶのレストランでも、この雑穀を毎日おいしい♪おいしい♪と食べています。

お買い求めは おいしい雑穀専門店 未来食ショップ つぶつぶ
未来食ショップつぶつぶ 検索 www.tsubutsubu-shop.jp

私たち未来食ショップつぶつぶでは、つぶつぶグランマゆみことその仲間たちが、
日々の暮らしの中で実際に使用しているものだけを販売しています。どれも妥協なく選び抜いた逸品です。

雑穀が主役のおいしいビーガン料理！つぶつぶグルメしましょ！

つぶつぶ料理教室

雑穀 × ビーガン × おいしい料理レッスン

全国 **80ヵ所** 以上で開講中！
2020.1月現在

心とカラダが喜ぶ、家族の笑顔をつくる、おいしい雑穀料理とノンシュガースイーツを学ぶ

♥ まずはここから！講義と試食とミニデモンストレーションで気軽に参加♪
つぶつぶ料理体験レッスン 　全国一律 3,500円

HPからのお申込みで **500円OFF**

♥ 全国どこでも好きなときに、好きな場所、好きな内容のレッスンを
1回完結！単発レッスン 　1回 4,000円〜
※レッスンごとに異なります。

♥ 継続した学びの場、一人一人に寄り添った学びを講師がサポートします
公式コースレッスン 　※認定講師のいる教室でのみ開講します
詳しくはこちら https://tubutubu-cooking.jp/pages/courselesson

つぶつぶ料理教室のレッスンスタイルは デモンストレーションと講義と試食

講師の作る姿を見てプロセスのイメージを掴むという方法です。
切り方のコツ、火加減、水加減、入れる順番の意味、仕上がりの見極め方など、全プロセスをしっかり見ることができます。
出来上がった瞬間の味を確認し、講師がつくった料理を味わうことで正しい美味しさのゴールを知ることが出来ます。料理初心者も料理好きの方も五感を真っ白にして学べます。＊食物アレルギー対応いたします。ご相談ください。

日本ベジタリアン学会指定校 　**乳製品・卵・砂糖・動物性食品・添加物不使用**

♪ 舌にも体にも心にもおいしい料理です
♪ 体と心と地球をまとめて元気にします
♪ シンプルな食理論と料理術があります
♪ 4世代で実践35年の歴史があります

ー信頼できる公認講師ー
つぶつぶの実践を日頃から楽しみ、養成講座で学びを積んだ、つぶつぶ公認講師「つぶつぶマザー」「つぶつぶ料理コーチ」がお伝えします。

入会金不要。すべての教室・お好きなレッスンへいつでもご参加いただけます。
つぶつぶ料理教室公式サイトで簡単教室＆レッスン情報 Check!! ▶▶
https://tubutubu-cooking.jp/ 　[つぶつぶ料理教室] [検索]
※類似教室にご注意ください。

おいしい雑穀専門店 未来食ショップつぶつぶ 厳選！ ※2017.3 現在の価格です。

ヒエ
体を温める力が一番強い。クセのないミルキーな食感。
1カップ ¥741 / 3カップ ¥2,000（税別）

もちキビ
コレステロールを下げる効果がある。
1カップ ¥741 / 3カップ ¥2,000（税別）

もちアワ
血液循環を良くし、母乳の出を良くする効果がある。
1カップ ¥741 / 3カップ ¥2,000（税別）

うるちアワ
鉄分が多い。歯ごたえのあるプチプチとした食感。
1カップ ¥741（税別）

高キビ
アミノ酸に富み、解毒力が高い。弾力のあるキュッとした食感。
1カップ ¥741 / 3カップ ¥2,000（税別）

アマランサス（国産・ペルー産）
食物繊維とミネラルが多く、ふやけないのが特徴。
1カップ ¥741（税別）

五穀
ごはんに混ぜると栄養価さらにアップ！
1カップ ¥815 / 3カップ ¥2,204（税別）

キヌア（国産・ボリビア産）
食物繊維とミネラルの多さが抜群のふやけない雑穀。
国産 ¥972 / ボリビア産 ¥741（税込）

粒ソバ
心臓を強化するといわれるルチンを含む。
1カップ ¥741（税別）

黒米
もち米の先祖。強い抗酸化力がある。
1カップ ¥741（税別）

ハト麦
肌を美しくする美容効果がある。
1カップ ¥880（税別）

Tubu-Tubu Quality

つぶつぶのポリシー　POLICY

1、適正価格で全量買い取ることによって雑穀栽培の輪を広げる
2、雑穀の価値とおいしさ、料理法を伝え、つぶつぶ食生活実践者の輪を広げる
3、雑穀栽培者とつぶつぶ食生活実践者の顔の見える流通ネットワークを育てる

- 生命のルールを守る
- 透明でフェアな生産と流通
- 国内産へのこだわり
- 動物性食品不使用
- 砂糖類不使用

大谷ゆみこからあなたへプレゼント！

あなたが食を変えるための基本情報と
失敗しないための心構えを伝えます

食の転換によって
あなたの心の中にしまいこまれている
欲張りな夢を叶えよう！

5つの食の新常識 PDF 無料プレゼント

登録無料♪大谷ゆみこ書き下ろしメール講座全13回
「未来食つぶつぶでキッチンからはじめる私革新！」
ご登録はこちらから。
http://go.tubu-tubu.net/kitchen

オフィシャルブログも好評執筆中！
「大谷ゆみこ　アメブロ」検索！

未来食・心・体・女磨き・暮らし・子育て・しごと創造の大冒険

つぶつぶに入会して、
食と暮らしの大冒険をしよう！

《冒険仲間とのつながりが、学びの相乗効果をうみます》
年会費：10,000円　入会金不要/1年間有効
http://www.tsubutsubu.jp

詳しくはHPから、
お問合せください

つぶつぶ会員ネットワークは
未来食つぶつぶ創始者大谷ゆみこの呼びかけで1995年に発足し、活動を続けている会員制ネットワークです。キッチンからはじめる私革新！をテーマに、未来食つぶつぶで輝く世界を実現する仲間たちの輪が日本中に広がっています。

つぶつぶ/㈱フウ未来生活研究所
TUBU TUBU / Fu Future Living Labo Inc.
〒162-0851 東京都新宿区弁天町143-5　MAIL：info@tubu-tubu.net
TEL：03-3203-2090　FAX：03-3203-2091

TUBU TUBU - INFORMATION -

Shopping

つぶつぶ雑穀おかずをつくる、おいしい雑穀専門 通販サイト

未来食ショップ つぶつぶ

https://www.tsubutsubu-shop.jp `オンラインショップ`

Lessons

経験豊富な公認講師から つぶつぶ雑穀料理の技を習える
雑穀 × ビーガン × おいしい料理レッスン＆セミナー

つぶつぶ料理教室

https://tubutubu-cooking.jp `全国各地`

レッスンで使う食材はすべてオーガニック＆ナチュラルを基準に
乳製品・卵・砂糖・動物性食品・添加物不使用です。

３６５日毎朝届く！
無料レシピメルマガ 配信中！

毎日の「食べる」が
楽しくなる料理や
食べ方のヒント付き。

http://go.tubu-tubu.net/recipemail_gbook

雑穀 × ビーガン × おいしい！
肉・魚・乳製品・卵など動物性食品不使用、砂糖不使用、添加物不使用の未来食つぶつぶレシピ３０００種類の中から厳選した、季節の野菜料理、雑穀料理、ナチュラルスイーツレシピなどを毎日お届けします。

つぶつぶ入会案内

会員限定クーポンがもらえたり、各種イベント・セミナーに参加できます。

>> ご入会はこちら　https://www.tsubutsubu.jp/kaiin

おわりに

　雑穀を迎え入れてから、わが家のキッチンは生命力を創造するいのちのアトリエになりました。

　古代から、世界各地で人々のいのちを支えてきたちっちゃくてかわいい雑穀たちは、現代人にとっても感動的においしい食べものです。ボリュームがあり、消化もよく、肉、魚、卵、乳製品に代わる新しいグルメ食材として、大きな可能性を秘めています。

　世界で一番新しいグルメワールドの誕生です。

　ビックリおいしい、あたらし懐かし、と誰からも絶賛されるおいしさは、いのちを輝かせるおいしさです。

　見て感動、食べておいしさに驚嘆、口の中ではじける多彩な食感、そして、バランスのとれた栄養が細胞を満たす料理を作れる食デザイナー仲間を、どんどん増やしたいと思っています。

　そして、食デザイナーの活躍の場であり、感動の輪を広げる拠点でもある「つぶつぶカフェ」を、世界の街角につくっていくという野望に燃えています。

　その情熱を込めた魅惑の「雑穀スープレシピ」、みなさんに贈ります。

　　　　　夢空間「つぶつぶカフェ」長野駅前店にて　大谷ゆみこ

大谷ゆみこ（おおたに・ゆみこ）　暮らしの冒険家

日本の伝統食である雑穀に「つぶつぶ」という愛称をつけ、
数千点におよぶ「つぶつぶベジタリアン」レシピを創作、
体と地球に平和を取り戻す「ピースフード」として提唱。
とびきりおいしくて、おしゃれで、シンプル＆ダイナミックな
未来食流食卓術のファンが全国で急増している。
1995年、「ピースフードアクションnet.いるふぁ」の設立を呼びかけ、
いのちを輝かせるおいしさを伝えるさまざまな活動を展開。
「未来食サバイバルセミナー」の運営に力を入れている。
雑穀を社会現象にするための新しいアプローチとして、
2004年3月に雑穀料理と暮らしの専門誌「つぶつぶ」を発刊、
2006年からは「つぶつぶカフェ 世界の街角計画」推進中。
東京と長野で「つぶつぶカフェ」を運営。
大谷ゆみこのつぶつぶレシピ＆グルメエッセイメルマガ
「雑穀大好き！ つぶつぶ大好き！ いのちを輝かせるおいしさ」の人気も上昇中！
http://www.tsubutsubu.jp

つぶつぶ雑穀スープ
野菜＋雑穀で作る簡単おいしいナチュラルレシピ

2006年6月14日　初版発行
2024年1月31日　15刷発行

著　者	大谷ゆみこ
デザイン	原圭吾（SCHOOL）、山下祐子
撮　影	吉田彩子
調理協力	橋本光江、阿部芳美、郷田ゆうき、郷田未来
協　力	いるふぁ未来食研究会
挿　画	伊藤桃子
発行者	佐久間重嘉
発行所	株式会社 学陽書房 東京都千代田区飯田橋1-9-3 〒102-0072 営業部　TEL03-3261-1111　FAX03-5211-3300 編集部　TEL03-3261-1112　FAX03-5211-3301 http://www.gakuyo.co.jp/
印　刷	三省堂印刷
製　本	三省堂印刷

©Yumiko Otani 2006, Printed in Japan
ISBN978-4-313-87112-0 C2077

乱丁・落丁本は、送料小社負担にてお取り替えいたします。
定価はカバーに表示してあります。